Mod håb

HELLE MERETE NEUMANN

MOD HÅB

Redaktion: Elever og voksne tilknyttet Godhavn

Forlag: BoD · Books on Demand, Strandvejen 100, 2900 Hellerup, bod@bod.dk
Tryk: Libri Plureos GmbH, Friedensallee 273, 22763 Hamborg, Tyskland
Forside: Judith Jønsby
Illustrationer i bogen: Emilie R.

ISBN: 9788743087809

INDHOLD

FORORD

Mod håb er en selvstændig efterfølger til bogen *I havn*, skrevet af min lærer Helle Merete Neumann. Begge bøger er inspireret af nutidige fortællinger fra Godhavn Skoles elever, og eleverne har også deltaget som unge-konsulenter undervejs. Bogen startede i parken foran Godhavn Skole en forårsdag, hvor erfaringer blev delt åbenhjertigt af eleverne.

Bogen er et *håb* for læseren, om at kunne forstå de svære følelser i hverdagen, som ikke kun angår unge på en specialskole eller som er anbragt, men også andre unge. Hvad sker der, når man bliver anbragt på et opholdssted og skal ind i rytmen? Alt det, der ligger bag masken af en ung elev, der formentlig har bekymringer både om fremtiden og fortiden.

Mod håb ønsker at fange det potentiale, som et ungt menneske ikke indser, når mørke tanker driver dem fra sandheden om, hvor de står lige nu, og hvor de engang stod. Skolekammeraten, der er tilbage i folkeskolen, undrer sig over, hvor deres ven blev af, og hvordan det går deres ven lige nu? En kammerat, der savner at se deres ven fungere med et smil, i stedet for med tårer og hårde ord.

Mod håb indeholder illustrationer af Vasileious, som bl.a. anvender symbolisme, gemt i skygger, fodspor og blomster: Små tegn, der repræsenterer noget, som rækker ud over den bogstavelige betydning.

Af Emilie R.

1. HVERDAGENS GRÅ TRANCE - GÅET I STYKKER

"Den virker ikke mere, den skal dø" og læreren sendte tuschen flyvende hen mod væggen som den ramte, inden den røg ned i skraldespanden, blandt de ildelugtende æbleskrog, der blandede sig med andet affald.

Simones blik var fastfrosset ved skraldespanden ... "virker ikke mere, den skal dø". Hun vidste godt, at det var sagt som en joke, men alligevel igangsatte sætningen nogle tanker hos hende.

Simone rev blikket løs og kiggede nu over mod Alma. Alma slog selvsikkert håret tilbage over skulderen, mens hun blot læste videre. Hendes måde at være på i klassen vidnede om en opvækst i et hjem, hvor de voksne *så* hende. Så alt hendes åbenlyse potentiale og var vidner, mens hendes livstråd blev spundet trygt og roligt. Det måtte være dejligt at blive til i sådan et lunt spotlys. Og alligevel tillod Alma sig igen og igen at opføre sig som en dramaholic, der havde brug for sit daglige fix af katastrofe. Helt tryg i sin forvisning om, at dét var der da plads til.

Simone derimod levede i en grå trance, i en stum tilstand af flid. Dagene i skolen gik med at undgå bølgegang, at passe ind, passere ubemærket, indpasse alle svingninger, tilpasse sig - til en sådan grad, at klassekammeraterne opfattede hendes mest dominerende personlighedstræk, som netop fraværet af personlighedstræk. Det særlige havde Simone til sidst gemt bort. Simone frygtede nogle gange, at det ganske enkelt var endegyldigt tilintetgjort.

Det her var sidste dag i klassen. Fra i morgen skulle Simone bo på Godhavn og gå i skole der. På grund af alt det, der var sket, var Simone så forberedt, som man kunne være – men alligevel var der noget, som brast indeni, da det var blevet sagt højt: Du skal flytte på børne-ungehjem. Hvorfor var det ikke søsteren, der skulle afsted? Simone har kigget på Godhavns hjemmeside og havde syntes, at det faktisk nærmere var hendes familie, som med deres adfærd, var målgruppen for Godhavn.

Den aften kom Simones søster ind til hende. Satte sig tavst på sengen, trak vejret ind, som om nogle ord nu var på vej. I stedet rakte hun hånden ind i hoodiens lomme og fremdrog en perleplade formet som en blomst og rakte den til Simone. Søsteren fastholdt Simones blik i et kort nu, men sagde ikke noget, hvorefter hun forlod værelset.

Hvad var der også at sige? Familien var gået i stykker.

2. FLYTTEDAG – BLIVE FRI?

Den store af familiens sportstasker stod parat i gangen, Simones dådyrbamse Bambi lå oven på, og Simone stod og ventede. En stor grå institutionsbus kørte ind nede på p-pladsen, og Simone hankede op i sine ting. Hun vendte sig rundt, stillede atter tasken og gik de få skridt hen mod far og mor. Ironisk nok var dette da noget, som kunne samle familien. I det korte fælles kram indsnusede Simone sine forældre, men at tillade sig selv at være lille, var dog ikke en mulighed. Hendes behov var blevet sat på pause for længe siden, men hun vidste, at de havde gjort deres bedste.

Simone hankede op i sig selv og tasken med skrøbelig beslutsomhed og forlod hjemmet. Hendes søster stod henne i køkkendøren og løftede kort lappen til farvel. Var det alt hun kunne gøre efter al den tid? En tavs løftet hånd? Simone skulle flytte til et ukendt sted. Men selv hjemme havde Simone følt, at hun ikke længere vidste, hvor hendes plads var. Hun følte sig fanget mellem nul og niks. Ved at holde sig i bevægelse, var der da en retning på – også selvom retningen var afsted mod en tilværelse på børne-og ungehjemmet Godhavn.

De havde ikke talt så meget om denne dag, men den havde alligevel vokset sig større og større i rummet mellem dem. På det seneste havde det føltes kvælende, og Simone havde brug for dette nye åndehul, for at gøre livet til at bære.

Den voksne i bilen gik Simone i møde og overtog den tunge taske og bamsen. Simone ville sætte sig på bagsædet, men den voksne inviterede hende om foran. Undervejs spurgte den voksne ind til Simone. Men Simone forskansede sig med opmærksomheden mod mobilen. Da de standsede ved en benzinstation, betragtede Simone en familie, hvor bilens bagagerum var stuvende fyldt med badedyr, tæpper og strandlegetøj. Det føltes lidt ligesom at sidde som den lille pige med svovlstikkerne, med næsen mod ruden ind mod velfærdssamfundets harmoniske kernefamilie.

Deres køretur endte på parkeringspladsen foran et hus, der lå nær en hestemark.

Simone åbnede bildøren ... Simone sendte sine forældre en tanke, sin søster ...De og deres handlinger havde været i centrum i flere år. Blikket gled op mod svalerne, hurtige, pippende, flyvende, vimsende travle indtog de luftrummet. Hun havde altid måttet tilpasse sig. Kunne man blive fri?

3. ANKOMST - KOM NU MED?!

Simone fik vist sit værelse, der lå i en kort gang med andre værelser. Den voksne gik med hende – "hey, måske er det hele lidt meget nu. Vi tager lige nogle dage, hvor du bare er her på afdelingen og lige vænner dig til det." Simone blev lettet over denne information, idet hendes mentale båndbredde allerede var presset. Men hørte sig selv sige højt: "Nej, nej det er okay – jeg vil gerne i skole".

Den voksne smilede som svar og forlod værelset. Simone undlod at lade blikket glide rundt og lagde sig bare i sengen, med Bambi ved sin side, og armene over ansigtet. På trods af gode intentioner fulgte nu alligevel en grå og formløs tid. Simone følte det, som oplevedes det hele i en døs.

Der var forskellige voksne i løbet af dagene, som alle velmenende inviterede Simone ud af værelset til hygge i køkkenet, gåture, puslespil, se TV og lignende. Simone deltog nogle gange, men den grå og formløse døs inden i fortsatte. Sorgen over det tabte gjorde ondt.

De mest rolige øjeblikke opstod, når de besøgte den lysebrune islænderhest Snaffi ude på marken. En dag kom en ung fyr hen til Simone, mens hun stod ved indhegningen. "Hej, jeg hedder Phillip". Simone kiggede lidt mere op, end hun ellers havde gjort i de seneste dage og lod lidt af pandehåret glide bort fra øjnene, så hun kunne se ham. "Hej". " Du må være Simone? – Jeg bor for enden ad gangen". Simone ville gerne svare Phillip, men ordene ville ikke rigtigt lystre. Da hun endelig fandt sin stemme, føltes hvert ord som en lille usikker flaksende fugl. Phillip var egentlig på vej over mod skolen, hvor de var i gang med de sidste afsluttende dage på Godhavn Skole. I dag skulle de ifølge Phillip: "tæve" de voksne i rundbold, dernæst spise frokost, is samt bade ved stranden. "Hey – du kunne prøve at komme med?" Simone rystede umærkeligt på hovedet, og pandehåret gled ned. "Hvad så med i morgen? Nogle elever får eksamensbeviser – i skolegården?" Simone løftede blikket en anelse, og Phillip smilede stort tilbage: "Kom nu med?!"

4. SKOLEGÅRDEN - 8-ÅRIG OG 80-ÅRIG.

Da Simone vågnede, kunne og ville hun ikke længere fortrænge, at hun befandt mig på gyngende grund i den grå døs. Enhver ting har sin tid – og nu var det tid til noget andet.

Dynen blev slået til side, noget kluns fra gulvet kom på, håret samlet i en hurtig knold og før hun egentlig nåede at registrere det, stod hun med hånden på dørhåndtaget og var i færd med at tage det første skridt ud på gangen.

En pædagog, der tidligere havde præsenteret sig som Gyda, stod i gangen med en kurv vasketøj i favnen. Gyda lykkedes ikke helt med at skjule sin overraskelse, men stillede kurven fra sig, og slog ud med hånden mod køkkenet. Simone fulgte tavst anvisningen og satte sig ved det store fælles bord, med de mangefarvede møbler og en kæmpe stuebregne i hjørnet. Få øjeblikke efter, blev der stillet en tallerken foran Simone med en smurt lun bolle, samt et glas juice. Simone brækkede nogle små bider af bollen og spiste dem, mens hun for første gang tillod sig at tage rummet ind. Gyda stod ovre på den anden side af køkkenøen og forsøgte at se travlt beskæftiget ud – karkluden dansede hen over køkkenbordet og kogepladen flere gange, og usynlige pletter fik en tur.

Simone nippede lidt til juicen og tog sig voldsomt sammen og sagde med lille stemme: "Phillip har inviteret mig over i skolegården".

Først lænede Gyda sig frem, vippede ligesom det ene øre nærmere, men valgte så at komme over ved siden af Simone, der rykkede lidt på sig ved den nyopståede nærhed. Gyda sagde smilende: "Undskyld, jeg ku' ik høre dig?"

Simone gentog sætningen stille frem for sig.

Gyda sagde: "mm-hmmm", men Gydas ansigt vidnede om, at hun ikke havde fanget indholdet. Flov over sin egen manglende formåen, til at gøre sig forståelig, stemte Simone nu fødderne mod gulvet, rejste sig, og stillede tallerkenen med resten af bollen og glasset med juice i vasken og gik ud ad hoveddøren. Bare Gyda nu ikke ville blive sur på hende.

Sagen var bare den, at hun hidtil kun havde bevæget sig over til den nærtliggende hesteindhegning, og hun blev stående i tvivl om næste skridt. En kvindelig pædagog kom stille og roligt gående ud ad døren bag Simone: "Må jeg gå med dig?

Simone nikkede og gik et par skridt, men stoppede og ligesom smeltede ned, siddende på græsset. Hun sad med knyttede hænder og armene om sine ben- lænket fast om sig selv med ansigtet skjult mod knæene. Pædagogen satte sig ned ved siden af Simone. Længe sad pædagogen bare stille ved siden af, hvilket Simone sansede: *Det er rart, at hun ikke insisterer på en hjerte-smerte samtale allerede.*

Efter nogen tid: "Jeg hedder Pia", mens en hånd prøvende aede op og ned at Simone ryg. Simone rykkede sig umærkeligt væk fra hånden, og den aende bevægelse forsvandt. Simone vippede hovedet, så kinden nu hvilede mod knæene, mens pandehåret faldt ned som et lille gardin. Simone kunne dog se Pia, som havde langt mellembrunt glattet hår, smart tøj og tjekket make-up. Hun virkede ikke så stor. De sad stille der i et stykke tid. Det var rart, at der ikke skulle svæve ord mellem dem. Simone følte sig egentlig lidt forpligtet til at sige noget, men orkede det ikke lige nu. *Ville Pia synes, at det var mærkeligt*?

Pia lænede sig en smule mod Simone, der så sagde: "Kan du føre mig til skolegården?"

Pia rejste sig med langsomme bevægelser og rakte en hånd til Simone. Simone tog den ikke, men rejste sig. En flisebelagt sti, flankeret af store plæner og høje birketræer passerede forbi andre rødstenshuse indtil de nåede Godhavnsvej, som de passerede. Simone stivnede idet mange mennesker netop nu bevægede sig fra boldbanen og mod de gamle bygninger.

"Det er denne vej" opfordrede Pia, med en let berøring på Simone ryg, hvorved Simone rykkede sig. Hun tillod ikke sig selv at tænke en eneste tanke, indtil de stod inde i det, der måtte være skolegården. Lige nu ville tankerne ikke være hendes ven. Instinktivt søgte Simone over i et hjørne med ryggen mod muren.

Folk stimlede sammen omkring en flagstang placeret på en fliseø i midten, hvor en mand og en kvinde var ved at rigge til med nogle kuverter i en blomsterpyntet kurv. Simone var overvældet af de mange mennesker og slog blikket ned, og kiggede kun op i korte glimt. Phillips navn blev nævnt, og Simone blev nysgerrig. Den unge fyr fra i går brød ud af menneskeflokken og gik med et usikkert smil hen mod manden og kvinden i midten, modtog en konvolut, og et stort bifald brød ud sammen med heppende hurra-råb. Også Pia ved siden af Simone klappede højt. Pia forklarede, at Phillip netop havde modtaget sit eksamensbevis, og at det havde været en kamp for ham at nå dertil, så alle var meget stolte af ham. Simone så, at Phillip rødmende modtog en stor krammer fra en pige i en farverig kjole. En flok unge stod tæt sammen, og Simones opmærksomhed blev fanget af en lyshåret, høj ranglet ung fyr, som heppede særligt entusiastisk – på en måde, der måske nok passede bedre til en fodboldkamp. Simone måtte trække lidt på smilebåndet.

Pia og Simone gik nu tilbage mod afdelingen. Pia fortalte om, hvad Godhavn Skole stod for, og hvilke muligheder man havde på den skole. Hun fortalte, hvorledes unge med en tung bagage kunne modtage undervisning og tage en afgangsprøve på lige fod med børnene ude i folkeskolen. Hun fortalte, at hun havde hørt om Simones hidtil gode resultater i skolen. Simone kiggede ned i jorden og tænkte, at Pia med sine bløde ord prøvede at sukkerglasere den barske virkelighed. Pia brød igennem Simones tanker: "Hør her! Der er to, som du skal gøre stolte – Og det er ikke din veninde, din mor, din far, din – det er dig som 8-årig og som 80-årig!"

5. BAGGRUND – RET ALENE.

Jamen, halløj 8-årige og 80-årige Simone! Tænkte Simone ved sig selv. Opvokset i et hjem præget af psykisk sygdom, hvor udvejene på en eller anden måde blev: at blive usynlig når stemningen dykkede, undgå at være hjemme, når bølgerne begyndte at gå højt, samt forsøgsvis tilpasning når dét krævedes. Simone havde til tider følt sig som en kamæleon – Dygtig til at passe ind i omgivelsernes forventninger.

I skolen skulle Simone samtidig sikre, at hun og familien blev opfattet som "normale". Dette understøttede forældrene når de, ved de tilbagevendende skolehjemsamtaler, bare kaldte de svære perioder for heeelt almindelige familieudfordringer, så lærerne atter var beroliget for en periode. Men er det normalt, kun at blive behandlet som en skygge? Er det normalt at skulle tilsidesætte sig selv og sine behov hele barndommen? Er det normalt altid at være hyper-opmærksom på sine omgivelser? Er det normalt når utryghed, følt helt ind i hjertet, er en alt for familiær følelse?

Igennem tiden havde Simone fået at vide så mange gange, hvordan tingene hang sammen. Fået lagt historien om familien og sig selv i munden. Selv om der tydeligt mærkedes den der gnavende forskel mellem det oplevede og det fortalte? Altid blev hendes søsters udsving gjort mindre. Dækhistorier blev brygget. Når man er sådan en pige, der får at vide, hvordan man er, og hvordan tingene er – så er det svært at føle, sanse, opleve hvordan man virkelig har det – at gennemskue hvordan tingene egentlig forholder sig. Som følge heraf, blev grænserne mellem Simone og omverdenen udviskede. Det kan være svært at blive til, i andres fortællinger om en. Hvordan ved man, hvad der er sandt og falskt?

Derfor gjorde det også Simone usikker, når hun skulle sigte så højt, som at gøre nogen, selv fiktive 8- og 80-årige udgaver af sig selv, stolt.

Atter blev Simones tanker afbrudt af Pia. De var nået til afdelingens hoveddør, og Pia inviterede på hygge ved spisebordet.

Mens de sad der med Gydas hjemmebag, kom Phillip ind ad døren med det, der måtte være hans far og mor muntert snakkende efter sig. Phillip svingede sejrrigt eksamensbeviset i højt hævet arm, mens han drønede ned mod sit værelse. Faren og moren udstrålede glæde og stolthed, mens de stod i køkkenalrummet og ventede på Phillip. De forlod alle tre snart afdelingen, og Pia forklarede, at de skulle ud og fejre begivenheden med frokost i byen. Vejen til denne særlige dag havde jo trods alt været lang og bumlet.

Simone så i det skjulte beundrende over på Phillip, og syntes at hans familie virkede kær og omsorgsfuld. Phillip havde så selvfølgelig en færd i verden. Simone mærkede et ønske om også at kunne bære sig selv uden tøven. Men hun følte sig bare ret alene.

6. LEJLIGHEDEN – DEL AF TEAMET.

Simone havde for nogen tid siden fået en rundvisning på Godhavn Skole, af skolelederen. Med munter energi og stolthed i stemmen havde han fremvist en masse lokaler, så Simone havde mistet overblikket over altings placering. Det var blevet besluttet, at Simone skulle tilknyttes Lejligheden. Lejligheden var en udskolingsklasse placeret i nogle lokaler på første sal med udsigt til skolegården og en nysselig villavej bag ved de gamle bygninger. *Sådan lidt et limbo* havde Simone tænkt.

I dag begyndte Simone i klassen – Pia havde insisteret på, at de langsomme falde-til-på-afdeling-dage nu skulle udvikle sig ind i en anden fase. Med det glattede hår svingende ned ad ryggen havde Pia beslutsomt ført Simone i skole; "Bare rolig, vi er med dig hele vejen" Og Simone havde ikke haft modstandskraft til at sige fra og ville jo egentlig også gerne følge Pias anvisninger. Da de passerede dét sted, hvor Simone forleden havde sat sig på stien, marcherede Pia beslutsomt videre, og Simone så sig selv følge tillidsfuldt trop.

Stien blev til vej, som blev til skolegård, som blev til trapper, som blev til døren. Døren var lukket. Der var stille – kun få lyde fra et lokale nedenunder, hvor en mand underviste en dreng. Pia bankede på Lejlighedens dør. Simone behøvede ikke mere end en mental hånd at holde i, og et puf i den rigtige retning. Døren gik op, de gik ind og Simone blev anvist en plads bagest, hvor hun satte sig vagtsomt.

Pia kiggede over mod Simone, *hun er gjort af et slidstærkt stof, den pige.*

Underviseren var i gang med at forberede klassen på de forestående Godhavnslege. Med stor entusiasme stod en lærer ved tavlen og fortalte begejstret om tre dages aktiviteter ved Tisvildeleje strand. En ung mand med næsten hvidt kort viltert hår vendte sig om og hilste på Simone. "Hej, jeg hedder Tore. Velkommen til". Dette blev sagt med lidt høj stemme, og nu vendte alle sig om mod Simone. Simone kunne genkende ham, som den unge fyr der havde jublet i stor skala, ved ceremonien ved flagstangen. Lige nu umuliggjorde han dog hendes mission, hvor hun forsøgte at falde i et med væggen. En mand tog øjenkontakt med drengen og signalerede, at han skulle dæmpe sig. Simone prøvede at holde tårerne tilbage. Både de gamle og de nye. Læreren var en energisk udseende kvinde med kortklippet lyshåret frisure og sportstøj på. "Velkommen Simone. Jeg hedder Søs. Manden her hedder Bo. Manden gik hen mod Simone, og satte sig på hug overfor hende: "Klassen er i gang med at forberede næste uge – du kan bare lige være med på en lytter. Jeg kommer til at støtte dig i din skolegang her i klassen". Simone nikkede verdens mindste nik.

Der blev pause, og Tore tjattede drillende til en klassekammerats skulder, sagde nogle ord, der fik den anden til at grine, og gik så hen til Simone. *Åh nej, nu forventer han nok ord.* Simone følte det, som om hendes handlinger hidtil havde slået fejl, så nu holdt hun op med at handle og gik helt i stå. Tore lod sig dog ikke sådan afvise: "Velkommen her i Lejligheden – vi er den sejeste klasse på Godhavn. Har du været i byen i weekenden? Jeg havde sgu en svedig tur ind til Helsingør. Mig og mine venner havde vores eget bord" Det sidste blev sagt med et smil, der lyste hele hans ansigt op, og Simone måtte ligesom i skolegården lade sig smitte af hans næsten overdrevent gode humør. Inden i rystede Simone overbærende og lettet på hovedet – *Han forventer vist ikke rigtigt, at jeg svarer. Heldigvis.*

Klassen skulle nu på en gåtur – en såkaldt Godhavnsrunde. Bo gik oppe foran og Søs dannede bagtrop med Simone.

"Hej Simone. Velkommen til. Vi er glade for at have dig som elev her i Lejligheden".

Simone sagde et lille bitte "Tak". "Vi er mange voksne i teamet omkring Lejligheden, og vi vil gøre vores bedste for at passe godt på dig og ...".

Resten fortabte sig, men var ord i slægt med de andre. Resultatet blev dog, at ordene skrællede al den usikre modstand af Simone. Søs formåede med sin medfølelse og åbenlyse omsorg at bringe Simones forsvarsværker i ro. For en stund i hvert fald.

"Jeg forsøger ikke at kigge på, men med mine elever". Simone blev kaldt tilbage til overfladen og lyttede opmærksomt.

Det forholdt sig sådan, at man i Lejligheden havde 4 ekstra lokaler, hvor man altid kunne trække sig tilbage, med eller uden en voksen. Tilbage i klasselokalet viste Søs rundt og forklarede, at hvis en skoledag var udfordrende, og det kunne de jo være af forskellige årsager, så blev man altid mødt med forståelse. "Vi har forventninger, men du vil ikke blive presset over evne". Simone grundede lidt over dette: *Jeg har jo ikke styr nok på mig selv, til at vide, hvornår jeg er presset "over evne". Jeg opdager det altid for sent.*

"I næste uge løber Godhavnslegene af stablen og jeg har en særlig opgave til dig. Du er jo en del af teamet".

7. GODHAVNSLEGENE – SVØMME VÆK

Opgaven gik ud på, at Simone skulle hjælpe Bo med transport af udstyr. Sammen fik de hentet traileren med grej, bl.a. kajakker, og placeret den ved Tisvildeleje strand. Et mylder af voksne fik grejet rigget til den morgen Godhavnslegene skulle starte, og Simone kunne trygt følge det hele siddende på en bænk lidt derfra. Bo satte sig tavst ved siden af hende. Skoleelever myldrede til, under forventningsfulde stemmer og svingende med poser med badetøj.

Simone samlede knæene op under sig –*Sikke er virvar.* Bo brød tavsheden og forklarede virvaret lidt. Med en rotationsordning kunne elever prøve forskellige sportsgrene, men Simone hæftede sig særligt ved aktiviteterne i havet. En mole omkransede området nær stranden, men lige bag ved ventede det store gråblå hav, glitrende i solen. Bo betryggede Simone med, at det var helt OK bare at følge med, lidt på afstand.

Simone rejste sig dog og gik om bag et af de små skure ved stranden og smed blusen og shortsene. Hun gik med målrettede skridt i det dybe sand, blikket fæstnet ved vandlinjen, tættere på løftede hun blikket mod horisonten og fortsatte sin gang, indtil vandet nåede hendes ankler, knæ, lår, baller, maveskind, og da kastede hun sig gysende frem og lod sig favne af vandet. Mærkede dets gammelkendte kølighed mod den bare hud og dykkede under med lungerne fulde. Simone var en erfaren svømmer. Faktisk mere en det. Svømmeklubbens disciplinerede holdtræning havde været hendes redning i svære tider, og nu mærkede hun kroppens muskler arbejde rutineret i vandets modstand. Simone lavede kyndigt undervandsarbejde og kom langt på de enkelte bevægelser. Til svømning i klubben skulle hun kun forholde sig til sig selv og sin egen præstation på banen. Ingen forstyrrede hende. Til sidst skreg lungerne på luft, Simone trak tiden lidt i vandets omsluttende tryghed, men ansigtet brød til sidst overfladen. Blikket fæstnedes atter ved horisonten, retningen var sat, og stærke velkendte crawltag tog nu over. Fryd og frygt kæmpede om pladsen inden i Simone.

Bølger skvulpede ind mod Simone, men hun sansede kun musklerne arbejde og kroppens bevægelse gennem vandet. Den sansede kølighed. Lyden af klukkende vand. Horisontens lokkende kalden.

En lang smal kajak dukkede pludselig op foran Simone. Spærrede vejen. Simone skreg frustreret fra bunden af sig selv. Verden føltes som et uudholdeligt sted, faktisk slet ikke egnet til mennesker.

I kajakken sad Søs. Hun tog sportssolbrillerne op i det korte, våde strittende hår og kiggede ned på Simone med det blik folk sender, før de sukker dybt: "Er du på vej til Sverige?" sagde hun med et lille smil i mundvigen. Freden var forbi.

Simone kapitulerede og lod sig fragte mod kysten igen. Det salte vand skyllede ind over hende, og hun græd for sig selv. Hun plejede at fange tårerne med ærmet allerede i øjenkrogen, men her i det salte vand kunne hun være ligeglad. Så hun græd. Ikke så meget over at være blevet opdaget, eller over den tilværelse hun havde mistet, men over den familie og barndom, som hun aldrig ville få.

Bo stod klar med et stort vamset håndklæde, som han ville lægge om Simones skuldre, men hun flåede det til sig og vandrede hjem mod Godhavn. Hjem ...Ja, sådan forholdt det sig vel.

På afdelingen stod Gyda klar i døren. Simone gik blot forbi hende, men nuppede en af de nybagte boller med fra køkkenøen. Smed sig i sengen, med Bambi i favnen. Det ville have været lettere at svømme væk.

8. I NATUREN – BARE FLYDE MED

Simone vågnede næste dag i sin seng, med det fine hvide sengetøj. Hun havde sovet tungt af udmattelse. Søvn kunne ellers godt være en mangelvare. Værelset var hurtigt blevet indrettet med sager fra sportstaskens lommer og nyindkøbte møbler og nips. Et bord med en potteplante stod ved vinduet. På stolen ved sminkebordet lå et lyserødt fake fåreskind og pyntede, og i reolen var der overblik over parfumer, børster, hårspænder samt en lyserøde Holmegaard-glasvase, som hun havde fået af mor. Sengen redte Simone hver dag og oven på havde Bamsen Bambi sin faste plads. Simone vidste, at hendes værelse var gennemført indrettet og glædede sig over dette, da de bare fødder ramte det bløde tæppe foran sengen. Hun mestrede facade. Og facade skulle der til. Så hånden greb hårbørsten og senere pudderbørsten.

Simone spiste sin morgenmad i stilhed med pandehåret som en let skillelinje mellem hende og verden. Gyda klemte med en blid hånd hendes skulder, idet hun passerede. Simone undgik at vise en reaktion og rejste sig for at gå i skole. Sti. Vej. Skolegård. Trappe. Lejlighedens dør. Ind og hen på pladsen. Her var stille? Ingen andre? Århf ...Godhavnslege. Alle var jo på stranden også i dag.

Bo kom op ad trappen, stak hovedet ind ad klassens dør:

"Godmorgen Simone – angående i går – vi lader det ligge –" Skal vi ikke sammen bare forsøge at forsøge? Kom!" De gik sammen ned ad trappen.

" Jeg håber ikke, at du får brug for pas til en Sverigestur ...?" sagde han, mens han blinkede muntert med det ene øje. Simone måtte trække lidt på smilebåndet.

Nede ved stranden kom Tore nærmest flyvende hen til Simone ved ankomsten. Som et velmenende maskingevær væltede ordene ud af den muntre fyrs mund. Summen af det hele kunne opsummeres til "Kom og vær med – det bliver sjovt". Han tog fat i hendes håndled og nærmest hev hende med, mens han pludrede løs om Godhavnslege og hvor sjovt det faktisk kunne være. Hovedrystende kiggede hun på det næsten hvide hår, der dimsede rundt, og overgav sig til hans motiverende ivrighed.

Læreren Søs stod ved de opstillede pavilloner og betragtede nogle unge, der spillede fodbold. "Tore, giv lige Simone en chance" og han løsnede grebet. Simone ærgrede sig kortvarigt, men fortsatte med at have travlt med at leve op til Tores begejstring. Deres planlagte aktivitet denne formiddag var MTB på sporet i skoven. Simone var ikke så rutineret til MTB, som hun var til svømning, men nød alligevel det flow der opstod, når man vellykket fulgte sporet inde i Tisvilde Hegn – *I naturen kan jeg i det mindste finde ro og retning.* Halvvejs igennem cykelturen fik alle besked på at stille cyklerne fra sig og prøve at lægge sig i lysningen mellem træerne. Det var meningen, at man skulle være stille og lytte til skovens stille lyde. Men stilheden fik det til at føles som myrer på hele kroppen. Simone satte sig hurtigt op igen, men der var intet at børste væk. De andre lå fortsat stille, så hun sad bare lige så stille, stadig med den summende fornemmelse over hele kroppen. Stilheden larmede og føltes, som om den trykkede sig sammen om Simone og hendes tyste tungsind.

Efter endt cykeltur samledes alle ved Naturrummet, hvor kokken Lennie serverede frokost. Simone stillede sig med ryggen mod muren i et hjørne og tog de mange ansigter og lyde ind. Derhjemme havde Simone været vant til, at man spiste hver for sig, typisk med hver sin skærm, så kontrasten var stor ved, at alle her samledes om et måltid i fællesskab.

Efter endt frokost skulle Simones klasse ro kajakkerne tilbage ned langs stranden. Simone var simpelthen så træt i kroppen allerede: men atter viste energibundtet Tore sig som en god kammerat. Han tog resolut fat i snoren på Simones kajak, bandt den til sin egen kajak og roede så ellers afsted med Simone i kajakken slæbende efter sig. Simone havde det dårligt med at modtage hjælpen, men var simpelthen for træt til at modsætte sig og protestere overbevisende. Tilsyneladende kunne Tore godt klare det og ville gerne tilbyde sin hjælp. For en stund lod hun sig flyde med.

9. LEJRSKOLE – STYR PÅ MIN HAVE.

På afdelingen fik Simone information om, at de snart ville være mulighed for at deltage i Lejlighedens lejrskole til Stettin i Polen. "Er det noget for dig" spurgte Pia. Simone kunne høre, at der var huller imellem hendes ord, tvivl hvor der skulle have været vished. Troede Pia mon ikke på, at Simone kunne gennemføre? Endnu engang oplevede Simone følelsen af ikke at slå til og fluks aktiverede hun sin overlevelsesstrategi, påtog sig den charmerende dygtige piges rolle. "Jamen, det vil jeg da gerne" hørte hun sig selv sige. Pia kiggede stiltiende på hende.

I Lejligheden blev der uddelt papirer med informationer om lejrskole til Stettin. Simone hjerte begyndte at banke *Hvad i al verden har jeg sagt ja til?"*

Tore spurgte straks ind til: "Er der gode shoppingmuligheder? Må vi gå på bar? Skal vi gå meget? Må vi gå selv? Hvad skal vi spise? Må vi få dessert?" Og så videre.

De mange spørgsmål fra Tore gjorde bare Simone mere anspændt. Hun hev telefonen frem og kiggede ned i skærmen, for at slippe væk fra tankerne, mens hun scrollede løs på TikTok.

I pausen hev læreren fat i hende: "Er du OK? Da jeg begyndte at fortælle om lejrskolen blev du helt bleg?"

Kunne man allerede tale med hende Søs om dette? "Søs, jeg har et par spørgsmål, er det okay? Jeg vil ikke være til besvær …".

Simone havde faktisk ikke prøvet at være på lejrskole før – sidste gang der havde været mulighed for det på den gamle skole, så havde situationen i familien gjort det umuligt. Tålmodigt talte Søs hende igennem dagenes forløb på lejrskolen i Stettin. Simone havde sine bekymringer – Hvad nu hvis man vågnede om natten? Hvad nu hvis man fik hjemve? Hvad nu hvis man blev bange? Hvordan ville maden være? Kunne man drikke vandet? Kunne man gøre sig forståelig? Langsom fik de sammen talt handlemulighederne igennem, og til slut rundede Søs af med at sige: " Men bekymringer er bekymringer og tynger det sind, der nærer dem". Dét gav da alligevel lige lidt til eftertanke.

Simone lænede sig til sidst ind i at følge flokken – Hele Lejlighedens flok på 8 elever og 5 voksne skulle afsted sammen. En lidt yngre elev, Storm, fra klassen blev vred over et eller andet i forbindelse med pakning af bilerne og råbte nogle voldsomme ord ad Bo, hvorefter Storm kastede en sort trolley afsted, med forbløffende kraft. Simone så dette på afstand og ændrede retning hen mod den anden af institutionsbusserne. *Jeg har oplevet rigeligt af det dér.*

Undervejs blev der lyttet til musik, sovet og fortalt jokes – Simone smilede og lo stille med på passende tidspunkter. Simone havde opøvet en mesterlig evne til at passe ind.

I Stettin blev eleverne indkvarteret på hotellet, hvor Simone blev tildelt et værelse ved siden af Søs': "Du er altid velkommen til at banke på". Simone konstaterede, at selv her i en fremmed storby, var Søs fortsat iklædt tøj og løbesko, som om hun var på vej til sport.

Der var programsat en masse aktiviteter undervejs i lejrskoleugen, for som Søs sagde: "Det er jo lejrSKOLE ikke ferie".

Simone havde for vane at være flittig i skolen og havde egentlig til hensigt at følge skoledelen stræbsomt. Men over dagene blev hun alligevel udtrættet. Bo så dette, og tog hensyn ved at give hende og Storm en fridag fra de fastlagte aktiviteter. Hun fik da lov til at sove lidt længere og dagens indhold blev en gåtur i en park, hvor Bo fortalte:

"Så Pave Joh ...Resten af ordene forsvandt for Simone, idet hun slet ikke kunne samle tankerne om Bos fortælling. Det viste sig, at Storm havde det på samme måde, og de vendte tilbage til hotellet.

Bag hotelværelsets lukkede dør faldt Simone om på sengen, stadig med skoene på. Sådan havde det ofte været. Når der var sat kryds ved pligterne, skolen, venlige smil – så kom der en frihed til at være sig selv.

Der blev banket på Simone dør, og hun vågnede. Hun var åbenbart faldet i søvn. Hun åbnede, og der stod klassekammeraten Storm, iklædt plettede grå joggingbukser med "knæ" i, og en uformelig t-shirt samt en plasticpose i hånden. Han havde fedtet hår. *Han har da vist ikke skiftet tøj på denne tur.* Han inviterede hende med ned for at ryge. Først undrede hun sig – *han er da slet ikke gammel nok?* Men Simone kiggede til begge sider i hotelgangen og noterede sig, at den var tom. Det fristede at lave et rebelsk opgør mod det evindelige pæne pige-panserglas. Simone fulgte med Storm.

Udenfor tændte han hendes cigaret, og først stod hun bare lidt med den. "Ja, du skal jo suge!" og hun kopierede hans bevægelse ved at hive røgen ind i munden. Hun holdt vejret, men måtte så bryde ud i et hosteanfald, da lungerne protesterede. Storm grinede ad hende, men hun gentog blot bevægelsen indtil kvalmen tog over. Storm rakte hånden ned i posen og rakte en dåseøl, med polsk tekst, frem mod Simone. Hun rystede på hovedet, holdt afværgende en hånd op fordi røgen havde givet hende kvalme, og gik op på værelset igen. Hun følte en lille stille triumf ved at have røget, uden at de voksne opdagede det. Det føltes som, på en forskruet måde, at styrke den del af hende, der rummede rygrad, modstandskraft og viljekraft.

Og så kastede hun op i værelsets skraldespand.

Der blev banket på døren, hvilket viste sig at være Bo. Han åbnede munden for at sige noget, men stoppede sig selv. Hans næse vibrerede, rynkedes, og han ændrede tydeligt mening. *Åh nej – nu kommer det,* tænkte Simone ydmyget.

"Trænger du til lidt frisk luft?"

Han greb hendes jakke på knagen, lagde den om hendes skuldre og viste vejen med armen pegende mod elevatoren. Simone sjoskede med ham.

Det hjalp at indånde den friske luft. Hun gjorde det i grådige sug ind gennem næsen. Bo betragtede hende, men sagde ikke noget. De gik i tavshed en tur ned til floden Oder, hen langs den gamle bydel med det hvide flødeskumsagtige hertugpalads og det hyggelige torv. Bo bød hende på en sodavand. Simone afventede stadig de irettesættende ord, og hadede at hun havde givet Bo mulighed for at se en svaghed hos hende. Det stærke sus fra øjeblikket på værelset var forduftet. Bo så bare på hende hen over sodavanden. Tavst. Tyst.

"Jeg har en have" – *what – hvad fabler han nu om?* "Jeg har en have med en frodig hæk omkring og en havelåge. I min have har jeg talrige blomster, frugttræer, siddepladser, stier" ...Simone lagde hovedet lidt på skrå og kiggede lidt undrende på Bo. "Det lyder som om det er en flot have?" Simone tænkte, at det nok var et passende svar. Bo fortsatte: "Inde i min have bestemmer jeg, hvordan der skal se ud. Og jeg bestemmer hvem, der må komme ind ad min havelåge". Simone nikkede, som om hun forstod. "Simone, forestil dig en have, din have. Se den for dig, din fiktive have. Hvilke blomster er der? Hvordan ser siddepladserne ud? Stierne ...hækken? Og havelågen" Bo gestikulerede med hænderne, som om han formede tingene i luften. Simone prøvede at hive et sådant indre billede frem, alt imens hun følte sig mere og mere forvirret over denne samtale.

Bo sagde: "Den have er dig. Du skal have styr på dit indre landskab og hækken markerer grænsen til omverdenen – til andre. Du skal selv beslutte, hvem du lukker ind ved din havelåge. Vi vil gerne hjælpe dig med at få styr på din have". Nu dæmrede det for Simone, men hun havde også altid været god til det abstrakte fortolkningsarbejde med teksterne i danskfaget.

Tankerækken blev afbrudt, idet de andre stødte til dem på cafeen. Bo og Søs vekslede nogle få lavmælte ord, og Simone prøvede at lytte med. Rygning – var det mon hjemsendelsesgrundlag? Anspændt fulgte hun deres færden og samtaler på afstand resten af dagen. Hun opsnappede en sætning, hvor ordene "rygning" indgik. Simone klargjorde sit mentale teflon, parat til at beskytte sine følelser mod de bebrejdende ord. Men ordene kom aldrig.

Den aften havde de afslutningsmiddag på en restaurant, der havde smuk udsigt over floden, promenaden og det flotte Nationalmuseum. Efterhånden ankom alle, men Tore lod vente på sig. Først 15 bekymrende minutter senere ankom han. Han var iklædt et nyt flaskegrønt jakkesæt med en skinnende gylden t-shirt inden under. Han gik rankt og selvsikkert ind ad døren, hen mod gruppen. Han lod sin hånd køre pandehåret selvbevidst bagud, mens hagen løftede sig poserende i et bredt smil. Alle hujede og klappede begejstret for hans make-over i anledning af middagen. I et kort glimt anedes et taknemmeligt smil i hans øjne. Storm rejste sig og gav Tore en anerkendende high-five.

Simone indså, at alle fucker op og fejler. Og samtidig er vi alle bange for at fejle. Men den frygt skal ikke have lov til at vinde. Simone mærkede en skrøbelig beslutsomhed. Tilværelsen med Lejligheden og Godhavn skulle bare lykkedes. Hun VILLE skabe en smuk indre have, få styr på grænserne til den. Måske kunne der her skabes en mere virkelighedsnær fortælling om Simone, ved at finde sammen med andre, der holder styr på sig selv og deres indre have.

Jeg vil have styr på min have.

10. KØN PIGE – SKARPE KANTER

Simone stod på sit værelse tilbage på afdelingen på Godhavn. Hun havde indkøbt nogle beauty-produkter til gode priser på lejrskolen. Nu skulle de sættes pænt på plads på sminkebordet.

Simone vidste godt, at hun var køn. Ikke smuk, men dog køn. Det havde hun fra sin mor, der havde været model, da hun var ung og knap så rynket og træt at se på, som nu. Dengang havde hun mænget sig med musikere, filmstjerner og andre kendisser. Simones mor havde rejst en masse – lige indtil hun blev gravid med Simones storesøster. Så havde tilværelsen fået langt mindre stjernestøv over sig.

Der var således en stille fortrydelse i morens væren, og i upåagtede øjeblikke lignede moren en kvinde, der vandrede i sorgens landskab. Som om livet havde vendt sig imod hende, da storesøsteren viste sig at have særlige behov. Men moren mestrede stadig det præsentable og elegante look. Simone havde ofte følt sig svitset af forældrenes ord: Du ligner en sminkedukke. Skal du til karneval? Du fylder for meget! Din søster har mere brug for os, så du må vente.

Simone havde ikke tilladt sig selv at vise sårbarhed foran dem. Hun havde roligt nikket, og derpå gået ind på sit værelse og fundet knivbladene frem.

Hun havde følt sig som en outsider i sit eget liv. Hun havde været en stille pige, som passede ind og sjældent var centrum for opmærksomheden. Men til sidst havde hun ikke kunnet holde masken oppe længere og følte sig mere ensom end nogensinde. Det var ikke første gang, hun havde tænkt på det. Hun havde læst om det på nettet — om hvordan nogle unge fandt lindring i at skære i sig selv. Det virkede skræmmende og forbudt, men også betagende på en måde. I et kort øjeblik føltes det som en løsning, som en måde at slippe for de trykkende følelser, der som en mørk skygge lå over hende.

Simone havde nu små hvide ar øverst på inderlåret. Simone havde brugt det som ventil, for at kunne være i det skyggeliv, som var blevet hendes. Hvor hun følte sig kvalt i facade og venlighed. Og ingen så det øverste af hendes lår. I svømmehallen havde hun kunnet skjule dem. Engang havde hun skrevet dagbog, hvor hun havde beskrevet hvilken lettelse, det var at skære. Hendes søster havde læst i den og sladret til forældrene. De havde fundet bladene bagerst i den nederste kommodeskuffe, og da set rystede på hende og derpå himlet op om, hvor tarveligt det var af hende at give dem flere problemer. Og at hvis nogen, f.eks. oppe i skolen opdagede det, så ville deres omdømme for alvor være smadret. Alt imens havde søsteren stået henne i døren med et lille skævt smil, der skiftede til en mine af omhyggelig indlevende omsorg, når forældrene så i hendes retning.

Simone havde dog fortsat i det skjulte. Hun elskede fornemmelsen af at åbne en helt ny æske blade: så små, lette og skarpe – bevidst om hvor megen lettelse, de ville kunne give hende. Vildt billige i byggemarkedet. Det var vigtigt at spritte dem af først, lade væsken fordampe fra bladets overflade, inden man skar. Simone holdt vejret, mærkede og styrede smerten, gik ind i den, flød med den som om hun var trænet til at håndtere den skarpe smerte, der drønede gennem nervebanerne. Hun omfavnede dens altoverskyggende karakter, mens smerten skar smerten væk. Hun åndede ud.

Simones lærer havde i idrætstimen næsten afsløret hende, hvilket gjorde at Simone faktisk havde formået at stoppe med at cutte, selvom trangen ikke forsvandt. Hun var blevet god til at bruge foundation – bare for en sikkerheds skyld, på de gamle hvide striber. Livet klemte stadig, men der ikke var plads til at vakle.

Mens alle disse tanker havde passeret igennem Simone, havde hun stået og knuet hænderne anspændt sammen midt på værelsesgulvet. Fortiden blev uskarp og hun stod i nutiden, som oplevedes ulideligt klar. Knoerne var hvide, og det værkede i leddene, da hun strakte fingrene ud.

Simone lagde den nye foundation ned i skuffen på det hvide sminkebord. Hun ville prøve ikke at benytte det dagligt på arrene. Simone ville heller ikke skære mere, fordi hun oplevede, at det tab af selvkontrol ville været noget, som sænkede hende ned på bunden. Simone var heller ikke parat til, at andre skulle vide dette om hende.

Hun satte sig i sengen med Bamsen Bambi, og kiggede ud på det, der var en grå eftermiddag, hvor regnen trommede blidt mod ruden. Hun sad der med benene trukket op under sig, mens hendes smartphone lyste op i det dunkle rum. Hendes fingre svømmede over skærmen, men ordene fra de sociale medier nåede ikke helt ind til hende. Det var som om, der var en glasvæg imellem hende og resten af verden. Særligt den verden, der nu var uden for Godhavn. Simone havde ondt i maven.

Gyda bankede på og stak hovedet ind, inden Simone havde sagt kom ind. Det fik Simone til at råbe "Fuck ud af mit værelse".

Gyda trak sig hurtigt tilbage. Lettere forbløffet efter at have hørt Simone hæve stemmen for første gang. *Godt så – skarpe kanter.*

11. GODHAVN – ET HJEM?

Pia bankede på, da det blev spisetid. Simone var i mellemtiden faldet i søvn og hørte ikke, at døren blev åbnet. Pia aede Simone på armen og talte med stille stemme, indtil Simone vågnede. "Det er tid til aftensmad, lille Simone". Simone undlod at reagere og lod i stedet sig selv svælge lidt i at blive omsorgsfuldt kærtegnet og kaldt *lille* – bare en kort stund. Der havde ikke været meget tid til, at Simone kunne være lille derhjemme. Og nu var hun anbragt på børne- og ungehjem, og sågar med hendes forældres samtykke. Hun havde siden fået fortalt, at langt de fleste anbringelser af børn i Danmark skete med samtykke. Men det var alligevel sårende, at forældrene bare havde sendt hende afsted, alt imens hendes søster kunne bo hjemme, bare fordi "man ikke kunne finde det rette tilbud" til hende.

Simone slog øjnene op. "Jeg kommer. Giv mig et kvarter". Pia forlod værelset, og nu rejste Simone sig op.

Hun havde været så bange for at lande på psyk, hvor armene har hvide ar og hovederne deres egne stemmer. Hun havde engang besøgt sin søster sådan et sted. Det var dog alligevel svært at være splittet mellem en følelse af loyalitet til dem derhjemme og samtidig vide, at dem derhjemme var skyld i, at hun nu var endt her. På den ene side ville hun ikke gøre dem kede af det, på den anden side så havde de sgu fortjent det. Inden i havde hun følelsen af en rundtosset tyngdekraft, som både tiltrak og skubbede familien bort. Det efterlod Simone rådvild og forvirret i forholdet til sin familie og mest af alt, følte hun sig forladt.

Resolut tog hun en pose fra skuffen i kommoden og begyndte at pakke genstande deri med udholdende beslutsomhed: De gule bukser fra shoppingturen med mor, perlepladen formet som en blomst fra hendes søster, den lyserøde vase, fotografiet af familien, der havde stået på natbordet – Nu skulle der renses ud. Simone ville fjerne alt det, der mindede hende om tiden derhjemme. Hendes hånd indfangede Bambi, men slap igen. Hun ville prøve at indgå en pagt med sig selv – for at klare den. En playliste på Spotify, lavet sammen med hendes far, blev slettet på mobilen. Faren havde introduceret hende til jazzens mestre Brubeck, Pepper og Desmond, men hun havde undladt at lytte til playlisten i lang tid. Hun gik uden for til den store skraldecontainer, smed nettet i og klappede låget i med et bestemt smæk. Derpå gik hun ind i køkkenet.

Menuen var boller i karry, hvilket Simone godt kunne lide, men hun stak mest til maden. Phillip og den farveglade Vilja havde allerede spist, men var blevet siddende hyggesnakkende med Gyda og Pia. Simone konstaterede tørt for sig selv, at Phillip og Vilja kun manglede at kysse, for at ligne og lyde som et rigtigt par. *Tænk at kunne åbne sig sådan op, så man kunne få en kæreste?*

En tidligere beboer, Jannik, kom på besøg og hilste muntert på de voksne: " … Ja, og nu er jeg ikke engang tvunget til at være her". Han indkasserede kram med klap på ryggen, inden alle satte sig omkring bordet. Jannik og Phillip mindedes grinende dengang, hvor de som huslig pligt skulle deles om rengøringen af badeværelset, og Phillip havde væltet guldspanden ud over hele gulvet. Jannik drillede ham med det, og Phillip sad og lo ad sit eget temperament dengang.

Simone undredes, idet hun kun havde set Phillip som velafbalanceret – slet ikke som Storm ovre i skolen. Phillip drillede Jannik tilbage: "I det mindste har jeg da aldrig været på en sikret afdeling" og tilføjede så med et skævt smil: "Selvom det jo nok kunne have haft en "stands ulykken-effekt, så jeg ikke smuttede videre efter 2 måneder altid.

Jannik sagde nu grinende: "I det mindste skifter mit hår ikke farve, som en anden humør-ring, hver anden dag ligesom DIG!"

Det sidste sagde han grinende med en finger rettet mod Vilja. Hele flokke grinede varmt sammen. Simone så, at pædagogerne udvekslede indforståede blikke, og hun anlagde et lille smil, der helst skulle virke intelligent og indforstået, mens hun lyttede og forsøgte at lære mere om de andre.

Men hun indså, at hun nærmest sad som en korrekturlæser, der bliver ved med at sætte røde streger:

Tvangsanbragt = Rød streg

Temperamentsfuld = rød streg

Sikret afdeling = rød streg

Eksperimenter med identitet = rød streg

Sådan ønskede hun ikke at være. Hun rømmede sig, tvang ordene forbi den sammensnørede fornemmelse i halsen og ytrede med en lille stemme: "Hvordan holder I ud at bo her?"

Først hørte de hende ikke, og hun gentog med lidt tydeligere røst: "Hvordan kan I bære det?"

Simones spørgsmål blev mødt med tavse medvidende blikke blandt både voksne og unge.

Gyda lagde ud: "Det skal nok blive bedre for dig en dag".

Det føltes mest, som de raskes svar på de alvorligt udfordredes problem.

Nu tog Vilja ordet, mens hun rakte ud efter Simones lille hånd: "Hey – det *kan* blive bedre. Som ny-anbragt er du ofte i en følelse af, at lige om lidt går det hele galt, eller lige om lidt, sker der noget dårligt. Jeg regner selv med at ..."

Hendes ord døde ud.

Phillip sendte Vilja et varmt opmuntrende smil og nussede kort hendes overarm.

Vilja fortsatte: "Dengang jeg overgav mig til Godhavn, så begyndte tingene altså at blive bedre".

Phillip og Jannik mumlede samtykkende og tydeligt berørte. Han blev ved med anspændt at knække sine fingre og ændre siddestilling.

Jannik uddybede: "Det, at skulle forholde sig til nye pædagoger hver dag, var svært, da jeg på dét tidspunkt havde det meget svært ved nye mennesker, og det var en uoverskuelig tanke, at skulle lære alle de mennesker at kende".

Jannik havde i lang tid pakket sine følelser væk – især de bløde og sårbare. Da han så endelig havde sænket skjoldet en smule, syntes han ikke at de voksne formåede at gribe ham med egentlig forståelse. Men tiden gik, og de havde opnået en dybere indsigt i Janniks måde at være på.

"Men det lykkedes heldigvis på et tidspunkt, og jeg blev mere tryg ved dem" fortsatte Jannik. "I dag har jeg, efter min egen opfattelse, gennemskuet hele meningen med Godhavn og mig, når jeg tænker tilbage på alle de oplevelser, jeg har haft her, som ikke kan sammenlignes med noget andet. For eksempel de mest fantastiske skiferier, med gode oplevelser, som ikke kan måle sig med noget andet. Og så er størstedelen af de voksne faktisk meget gode mennesker, hvis bare man tør lære dem at kende, og en anden meget vigtig ting: At have tillid til dem.[1]"

1 Janniks ord er et videregivet citat, anført med tilladelse fra tidligere elev, Nicholas Burchardt Christiansen.

Simone kiggede over mod Jannik gennem det lange pandehår. Egentlig ville hun jo helst læne sig ind i tillid til, at der var en mening med galskaben – at de voksne havde styr på det. At det der lige nu bare var en adresse, blev til et hjem.

12. EFTERÅRSFERIE – LIV I PAPKASSER

Den første del af skoleåret gik sin vante gang. Simone var tryg ved at passe sin skolegang flittigt, og nu havde hun efterhånden vænnet sig til tilværelsen i Lejligheden. Til tider følte hun ikke hun passede ind, idet elevernes udfordringer var så tydelige. Det nærede en følelse af pinlighed, at nogen havde vurderet, at hun passede ind der. Dén pinlighed var velkendt hjemmefra, fordi det ofte havde været pinligt at færdes med hendes søster, når hun så ofte gjorde upassende ting. Også uden for hjemmet. Og Simone havde af samme grund ikke haft til vane at tage venner med hjem.

I Lejligheden hang der ved siden af tavlen en håndskrevet plakat med citatet: "*It is our choices, Harry, that show what we truly are, far more than our abilities*[2]." Læreren Søs var lidt af en Harry-Potter nørd. Simone ville prøve at lægge den røde korrektur-pen til side og bare passe sin "egen have", ligesom Bo havde anbefalet. Det var vel et spørgsmål om valg, ik?

Klassen havde da godt nok Storm, men Simone havde en mistanke om, at han nok bare var typen, der kun kunne føle sig stor, ved at lade andre føle sig små. Således foretog han sig af og til besynderlige ting, kastede ting efter en fysisk mindre elev, skubbede selvsamme elev, tegnede tissemænd på de hvidmalede vægge, tilstoppede WC'et med papir, kradsede hagekors med en saks ned i bordpladen, knækkede en andens lineal, smed sin bærbare på gulvet og så videre. De voksne arbejdede alle på at markere tydeligt, hvad der var rigtigt, og hvad der var forkert gjort af Storm. Storms opførsel distraherede, men den vedvarende indsats fra de voksne føltes lidt som en skærm, sådan at Simone blev mere fri til bare at passe sit eget.

Et lyspunkt havde været den dag, hvor der i Lejligheden skulle vælges en elevrådsrepræsentant til elevrådet på Godhavn Skole. Søs havde diskret opfordret Simone til at stille op, og Simone havde modstræbende accepteret. Simone havde faktisk været elevrådsrepræsentant på sin gamle skole. Storm havde himlet op om, pseudo-demokrati og andre konspirationer, og sagt at hvis han blev valgt, så ville han agere diktator og ikke lytte til klassen. Ved afstemningen fik Storm

---

2 J.K. Rowling: Harry Potter and the chamber of secrets, 1998.

forbløffende mange af elevernes stemmer, men Simone løb trods alt af med sejren. Simone rankede sig mentalt inden i.

Efterårsferien nærmede sig med foruroligende hastighed. Foruroligende fordi Simone havde det bedst med hverdagens rytme. Simone skulle hjem på samvær for første gang. Samtalerne med mor og far havde faktisk været begrænsede i en tid, men nu skulle de altså være sammen "derhjemme". Alle sammen. Sammen.

Selvom Simone havde smidt en række genstande ud og slettet jazzmusikken, så tænkte hun ofte på sin familie og savnede dem. Simone forsøgte at fokusere på det gode ved hendes familie; humoren, mors nybagte boller, brætspil med farmor. Eller når søsteren og Simone havde bygget huler, da de begge var små, de sjove ferier med store is osv.

Efterårsferien kom og de unge skulle alle noget forskelligt: Rejse med familien, til Godhavns hus i Sverige med boafdelingen, forberede halloween med gruopvækkende pynt og udskæring af græskar samt meget andet.

Da Simone ankom derhjemme, var der ro i huset, og hun kunne sidde til eftermiddagskaffe med sin mor. Hendes mor var god til at bage boller og havde forberedt dette til Simones ankomst. Der var endda også hjemmelavet hindbærmarmelade fra farmor. Simone fortalte om klassen kaldet "Lejligheden", om Godhavnslegene, hvor Tore havde trukket hendes kajak, turen til Stettin og om værelset på boafdelingen. Simone nævnte dog ikke noget om, at hun havde kylet vasen, de gule bukser og flere andre ting ud, fordi de ellers mindede hende om tiden "før". Det føltes godt at sidde her med mor, inden de andre kom hjem. Sådan en stund var også på Simones indre liste over savnede ting. "Hvad har du lyst til, at vi laver sammen i dag?" Det var rart, at moren åbnede denne mulighed og endda ville gøre Simone selskab. Simone luftede et forslag om, at de kunne køre ind til centeret sammen, og moren sagde "ja da".

Men ...(Jep, der var et "men"): Nu kom søsteren ind ad yderdøren til bryggerset. Simone lyttede. Hun hørte lyden af en stor taske, der landede hårdt ind mod radiatorens metal. Krukken med paraplyer væltede. Døren ind til køkkenet åbnedes, og søsteren kom nu ind. Simone afkodede lynhurtigt søsterens humør.

Det var ikke helt dårligt, men dog af den slags, hvor det ville være godt, at være lidt på vagt alligevel. Simone krammede automatisk tilbage, da søsteren kom hen og krammede hende. Søsterens hår kildede Simone på kinden. Det duftede som det plejede. Moren hilste, kiggede ned og drejede sin kaffekop rundt på bordet.

Søsteren forsvandt ind på sit værelse og lukkede døren. Mor og Simone forsøgte at fortsætte samtalen, men ordene var blevet lidt stive. Moren fortalte, at Simone skulle sove i sit gamle værelse. Det glædede Simone sig til. Simone gik derind og så, at der nu stod noget af morens kunstgrej i nyindkøbte flettede kurve, samt et stort staffeli med et påbegyndt maleri på. Der var et par papkasser med Simones ting pakket ned i. Gad vide hvor hendes Arena-rygsæk med svømmegrejet var?

Nu hørtes støj inde fra søsterens værelse. Moren rejste sig op ude i køkkenet, satte kaffekoppen i vasken og gik derind. Simone lyttede. Èn eller anden havde skrevet noget dårligt om søsteren i en offentlig instagram-profil, som læstes af mange i byen. Støjen steg stødt. Simone gik ud i køkkenet og ryddede det sidste af bordet, vaskede op og satte på plads, alt imens hun følte med søsteren. Der føltes koldt i huset.

Moren kom ud i køkkenet. Hun glattede på sin kjole og smilede til Simone. Men det var ikke et glad smil. Simone kendte godt til at smile på den måde. Det havde hun gjort tit selv, når der var lovet hende noget rigtig dejligt, som garanteret ikke ville blive til noget.

Simone kom sin mor i forkøbet: Jeg har altså lige noget, jeg skal ordne, kan vi udskyde turen til en anden gang? Morens skuldre sank lettet og sagde: "Ja, din far kommer jo også først hjem senere". Simone tog sin jakke over skuldrene, lukkede den tæt om sig og forlod huset. Hun følte sig lige så ommøbleret inden i, som hendes værelse var. Simone havde optimistisk håbet på, at det ville være anderledes. Simone indså, at hvis forældrene nogensinde havde tænkt, at søsteren skulle have været deres eneste barn. Så tilgav Simone dem. Nogle gange overvejede hun det også selv.

Dét, der var skrevet på Insta greb om sig, kunne Simone følge i sladdergruppen på sin mobil. Efter gåturen gik Simone tilbage, ind på værelset, hvor hun kiggede i papkasserne. I den første stødte hun på en foundation og en lille flaske sprit. Hun stivnede ved synet af det gamle "kit" og lagde det hurtigt fra sig. I papkasse nummer 2 fandt hun det hun søgte: Rygsækken var der ikke, men der var en gammel svømmedragt og briller. Hun greb et håndklæde fra krogen på badeværelset og tog til svømmeren. De stabile, stærke svømmetag fik Simones vejrtrækning og larmende puls ind i en tryg genkendelig rytme.

Under omklædningen tænkte Simone over dagen. Hun følte oprigtigt med søsteren, men var på samme tid så træt af, at hendes søsters indre følelsesliv var blevet et pensum, som hun, moren og faren og mange andre sikkert, brugte tid på at studere, for at kunne indordne sig hendes luner. Hun skyndte sig i tøjet, lod håret hænge filtret og vådt, for at kunne nå toget direkte til Godhavn. Hun ville egentlig gerne tilbage til forældrene, men hendes beslutning om at tage til Godhavn blev afstivet ved tanken om hendes liv, som lå der i papkasser.

13. TILBAGE – REVNE I FORSVARSVÆRKERNE

Togturen fra Helsinge til Godhavn var heldigvis kort. Simone gik fra Godhavn station over til afdelingen. Bladene faldt af træerne, og flere grene var allerede helt nøgne. På stien mødte hun Pia. Simone hilste høfligt og ville gå videre, men Pia greb med en blød bevægelse ud efter Simones arm. Simone standsede og så ned for at undgå Pias blik. "Du er da tidligt tilbage?" sagde Pia, mens hun i samme moment vendte om på stedet, lagde armen om Simones skuldre og uden at Simone veg bort fra armen, fulgtes de over mod afdelingen.

Simone blev sat, ligesom en viljeløs kludedukke ved spisebordet. Den grå døs var vendt tilbage. Pia satte kort efter en kop te foran Simone og lagde et tæppe om hendes skuldre. Simone varmede hænderne omkring kruset. Men nu rystede hænderne, ja kroppen rystede. Hun fjernede hænderne fra kruset, for ikke at spilde og tørrede pinligt berørt en tåre bort. Pia aede hende øverst på ryggen. En gråd så dyb, at den kom fra Simones sjæl, steg op.

Konfrontationen med Pias omsorgsfulde nærvær var for smertefuldt. At blive set – rigtig set, kaldte på en sandhed i Simone. En sandhed, som de voksne ikke havde hørt før. Men nu blev Simone hørt. Set og hørt følte hun sig skrællet for forsvarsværker. Simone havde igennem sin tilværelse fået tæv – nogle gange med søsterens næver, andre gange med ord. Og Simone havde været vant til at værne sig mod det, der måtte komme. Ja, nogle gange virkede det, som om hun kunne forudse handlingernes gang.

Vilja kom nu ind i køkkenet, så Simone og gik hen mod dem.

Simone greb efter et sidste strå og råbte, (og overraskede derved også sig selv): "Hva' glor du på? Du er jo helt tabt, med det dér mærkelig hår!"

Pia sagde lavt, men ikke til at misforstå: "Hov-hov!"

Og Vilja forduftede ud af køkkenet. Følelser har det med at lække andre steder hen, end hvor de stammer fra. Simone ville ønske, at hun kunne holde kæft med tilbagevirkende kraft. Et undskyld sad fast i halsen på hende. Angsten for Viljas og Pias reaktion konspirerede med Simones iboende frygt for at være ladt alene, forkert, ude ...

Pia satte sig på stolen overfor Simone, rakte ind over bordet og greb Simones små hænder: "Følelser er ikke noget man skal rette i. Det er okay at give udtryk for dem". "Men vær lige ordentlig over for Vilja, ik?!" Simone vidste instinktivt, at Vilja kendte verden på en måde, som få kunne forstå. Dybt inde, under hendes hukommelse, ligesom hos Simone, fandtes en viden om utryghed, anspændthed, smerte, tab og svigt, som en ubevidst viden i blodet. Simone angrede sit udråb. Det var jo ikke Viljas skyld. Det skvulpede bare over. Simone længtes efter at gå ind på værelset, låse døren, finde noget skarpt frem, frembringe den kontrollerede smerte ... Hun tog en dyb vejrtrækning for at få hold på sig selv.

"Hvordan gik det, derhjemme?" Med åben undren fik Pia distraheret Simone og lirket en lille dør op, så de kunne tale sammen om, hvor svært det opleves at være forbundet med "hjemme" og så mærke hjemmets mangler på sin egen krop ved samvær, for dernæst at komme tilbage til ungehjemmet. At skulle strække sig over dén mentale bro, krævede meget af det unge sind.

Simone sugede til sig af Pias nærværende omsorg, men erfaringen med manglende tryghed havde sat sine spor. Derhjemme havde søsterens humør været altafgørende for familiens humør – Lidt ligesom vejrets vekslen under højtryk eller lavtryk. Stille eller storm? Vejrudsigten var altid uforudsigelig. Som konsekvens heraf følte Simone sig som et dybt kar, der aldrig ville føles fuldt. Pædagogers omsorg kunne ikke fylde dét tomrum.

Phillip kom nu ind i køkkenet. Han vurderede lynhurtigt situationen og gik et roligt skridt frem og rakte en strakt arm frem mod Simone, med en næve rakt frem til at give knuckles, mens han hæftede et forstående blik og et lille nik på handlingen. Omsorg på distancen. Men dog omsorg. Simone rakte næven frem til knuckles. Det var OK med en revne i forsvarsværkerne.

14. LÆS FOR LIVET – AR FOR TYDELIGE

Lejlighedens klasse skulle den dag besøge Læs for Livets bogkælder. Læreren Søs havde fortalt hvordan dét sted medvirker til at skabe og støtte læselyst hos anbragte børn og unge. Simone var spændt, fordi hun sådan set var glad for bøger. Hver morgen i Lejligheden var der læsebånd, og det var da altid rart med lidt nyt læsestof. På det seneste havde det dog været lidt svært at koncentrere sig om læsningen, og huske det hun allerede havde læst.

Efter at have overlevet morgentrafikken ind mod København, nåede de frem til en bogkælder, hvor den ene reol med bøger afløste den anden. På et centralt placeret bord, lå der bunker af bøger, parat til at blive pakket til et andet børne- og ungehjem. Der var bøger om alt muligt lige fra Skak til Skyggens lærling. Fra Badminton til Batman. Intet af det fangede dog Simone interesse – hun ville hellere finde noget om svømning. Hun fik hjælp, til at finde den rette hylde med bøger af grundlæggeren, Rachel Röst. Damen med det vilde lange røde hår spurgte ind til Simones foretrukne bøger med en sjælden set passion. Simone fortalte, at hun sådan set var glad for at læse, så det var faktisk OK, at de startede alle skoledage med læsebånd i Lejligheden.

Til det udbrød Rachel: "Godt! Alle børn har ret til at vokse op med bøger".

Rachel gik videre, og hjalp nu Storm med at finde bøger om våben, som han straks tog med ind i en læsehule for at se de detaljerede illustrationer. Alles opmærksomhed blev dog indfanget af Tore, der med barnlig begejstring jublede over at have fundet en bog omhandlende Tricks med løbehjul. Tore fór rundt og slog op i bogen for flere af de tilstedeværende og berettede entusiastisk, hvilke af de beskrevne tricks han allerede mestrede. Simone trak på smilebåndet ad Tore, idet han normalt ikke ytrede den store begejstring ved læsning i skolen. Rachel prikkede smilende stille til Simone med albuen: "Se! Der er en bog til os alle".

På vej hjem i Caravellen sad Simone og læste i én af de bøger, som hun havde fået foræret. Storm lyttede til musik med lukkede øjne, og Tore talte løs med Bo om muligheder med løbehjul, og hvordan man kunne møde andre unge i Multiparken inde i Helsingør.

I Simones bog blev berømte svømmere som Michael Phelps beskrevet og store sportslige præstationer oprullet. Den beroligende kørsel gav plads til dagdrømme: *Kunne man dog bare være ligesom dem. Eller gøre en forskel ligesom hende Rachel ...*

Simone havde allerede erfaring med, at bøger kunne være en redning, at man kunne blive sat fri, ved at læse sig ind i andre verdner. Nogle gange kunne man ligesom forsvinde ind i sin egen verden, ligesom ved gaming. Men Simone var dog aldeles klar over, at det ikke var alle, der syntes at bøger var cool, så hun holdt sin mund. Simone overvejede, at det måske egentlig bare ville være godt at få gang i noget i fritiden. Ville hun mon kunne klare det?

Tilbage på afdelingen spurgte Simone, om det ville være muligt at begynde til svømning igen? Hun havde jo engang været konkurrencesvømmer, men var desværre stoppet, da det hele blev lidt for svært, og de tynde ar for tydelige.

15. FORÆLDREARRANGEMENT – RØDT ELLER GULT KORT

Som en tradition skulle Godhavn Skole afholde et forældrearrangement. Søs og Bo beskrev det som en hyggelig aften, hvor alle kunne lære hinanden og Godhavn Skole lidt bedre at kende. Simone sad og lagde armene omkring sig og pressede neglene ind i overarmene. Bo øjnede dette, men sagde ikke noget netop dér.

Bo ventede, indtil de gik mod frokosten i kantinen: "Kan det passe at du blev lidt anspændt, da vi omtalte forældrearrangementet?".

Simone nikkede tavst. "Jeg ved ikke, om mine forældre kan komme" sagde hun, for at afprøve, om man kunne slippe uden om.

"Jo, jo – vi har allerede aftalt det med din far og mor".

Nå? tænkte Simone ved sig selv – altså ingen udvej. Hun var ikke helt sikker på, at hun ønskede at se dem.

Ved arrangementet mødtes alle først i kantinen. Simone stod med ryggen mod vinterstuens væg og betragtede scenariet. Det var virkelig en broget flok af forskellige typer mennesker, og hun var tydeligvis ikke den eneste, voksen eller barn, der var udfordret af situationen. Hendes far dukkede op i mængden, og først stod hun bare stille og betragtede ham, søgte efter moren, hærdede sig indeni, vinkede så til faren, som straks gik hen mod hende.

"Ja, din mor kunne desværre ikke komme ...Din sø ...Du ved hvordan det er ..." hans stemme døde ud, og han rystede fortrydeligt med hovedet.

Der var pyntet fint op i kantinen, hvor de til aftenens arrangement sad klassevis, og hendes far konverserede begavet med de andre forældre. Simone fik således tid til, bare at betragte de mange mennesker. Der sad en mand med lædervest, lang pisk i nakken og tatoveringer op ad halsen. Han så lidt skræmmende ud, lige indtil Simone så ham nænsomt tørre en lille lyshåret, rundkindet pige nænsomt om munden med sin serviet. Han manglede kun at spytte på servietten forinden, for at se mere forældreagtig ud.

Efter måltidet blev alle vist rundt på skolen; Snedkerværksstedet, musiklokalet, glasværksted, fysiklokalet, krea, biografen, biblioteket, hvor Simone kunne se nogle af de nye bøger fra Læs for Livet. Da folk bevægede sig videre, stod Simone tilbage med en bog i hånden indtil Bo gennede hende videre.

Til slut samledes Lejlighedens forældre og elever i klasselokalet. En far spurgte: "Hvor fa'en kan man få lov til at pisse?"

Storm viste sin far ud til toilettet, og Søs påbegyndte sin præsentation af Lejlighedens hverdag med en PowerPoint. Eleverne krympede sig fnisende, når der var fotografier af dem – f.eks. et fællesfoto fra lejrskolen i Stettin. Tore udbrød fornøjet: "Årh ja, kan I huske mit jakkesæt?

Tores plejemor klappede ham kærligt smilende på hånden.

En telefon ringede højt. Simones far famlede sin mobil frem og forlod lokalet.

Søs fortalte nu om klassens system med røde og gule kort. Hvis man havde behov for en pause i et af de 4 bi lokaler, så kunne eleverne lægge et kort på sit bord:

Gult betød, at eleven bare lige havde brug for en midlertidig pause alene. Rødt kort betød, at en voksen gerne lige måtte følge med og følge op på eleven.

Storms far spurgte: "Lægger de sig så ikke bare ind og dovner den af? Søs svarede ved at fortælle om brainbreaks, læringsstile og dagsform. Storm sad og gjorde sig lille, på den plads hvor han normalt fyldte så meget. Søs rundede af med et jeg-er-på-dit-hold-smil til Storm. Simone trivedes egentlig ved den kort-ordning, for tidligere havde hun haft for vane ligesom at forsvinde mentalt ved f.eks. at tegne. Noget nogle lærere havde forstået. Men ikke alle.

Simone kiggede over mod døren, og håbede at hendes far snart ville komme ind.

Arrangementet var ved at være slut, og Søs varslede skolefoto, en kommende teatertur og erhvervspraktik for eleverne. Da Søs rundede af, kom Simones far atter ind. Han blev lidt befippet over at arrangementet afsluttedes og søgte Simones øjne, som gemte sig inde bag pandehåret. De krammede farvel: "Skal jeg hilse derhjemme?"

Simone trak bare på skuldrene.

At blive konfronteret med de andre elevers forældre skabte en ny erkendelse hos Simone. Forældregruppen var virkelig en særpræget flok, hvor man ligesom i et vendespil kunne samle sæt ud fra deltagerne: *Dig! Du passer sammen med den.*

Simone tog sig i at være lidt fordømmende. *Yaiks – det gælder jo nok også for mig. Mor kom ikke pga. min søster. Far gik bare midt i det hele.*

Simone følte sig tilsidesat. Pludselig kunne Simone se situationer, der ikke havde været gode for hende dengang derhjemme. De stod lysende klare. Det var ikke en let erkendelse. Hun var ikke i tvivl om hendes forældres kærlighed til hende, men de kunne bare ikke altid gøre dét, der skulle til, med hendes søster boende derhjemme. Nogen gange har man brug for et rødt eller et gult kort.

16. SVØMNING – UNGE PÅ GODHAVN

Dagen efter forældrearrangementet mødte Simone skolefotografen ude på P-pladsen foran skolen. Fotografen stod og tog grejet ud af sin bil, og Simone tilbød sin hjælp med at bære. Fotografen virkede først tøvende, lavede et bedømmende elevatorblik på Simone, og overgav så en kasse med grej.

Da Simone en time senere kom op i festsalen sammen resten af Lejligheden, blandede de sig med elever og ansatte fra hele Godhavn Skole. På denne skole var alle altså en del af den samme enhed, når det kom til skolefoto. Simone smilede ad en indskolingselev, der sad på første række og lavede gangster-fagter med sine små hænder. En anden udskolingselev stod med hættetrøjen godt oppe om hovedet, formummet bag solbriller og tydeligt utilpas ved situationen. Faktisk virkede Storm heller ikke helt afslappet ved siden af Simone, men han dækkede over det ved at råbe ad indskolingseleven. Simone fravalgte at få taget individuelt portrætfoto. Hun regnede ikke med, at det ville blive hængt op nogen steder *hvorfor få taget et foto, som bare kommer til at ligge i en skuffe*?

Resten af skoledagen forløb forudsigeligt og genkendeligt, og Simone tanker kredsede mest om eftermiddagens aktivitet: Svømning.

I den lokale svømmehal kunne Simone blive tilmeldt et almindeligt svømmehold – man kunne ikke bare møde ind på et konkurrencehold uden at blive vurderet først. Simone mødte op med sin lidt slidte svømmedragt, briller og håndklæde. Simone gad godt have noget lidt nyere grej, men det var OK.

Fuld af positiv forventning og tryg i hjemmevante rammer, gik Simone hen mod de ventende svømmere. En ung pige hilste og præsenterede sig. Simone gjorde det samme. Det var som om, selvtilliden fik et boost her i svømmehallen. Pigen fortalte, at hun gik på skolen ved siden af, og spurgte ind til Simones skole. Simone overvejede hurtigt for og imod, huskede fotografens vurderende elevatorblik, mens hun lige sikrede sig at svømmedragten dækkede de hvide ar på inderlåret, og sagde så: "Jeg går i skole i Tisvilde" og veg dermed behændigt uden om at nævne Godhavn. Det gav dog en underlig hul følelse i maven, som faktisk varede ved, mens svømmerne varmede op på kanten. Simone samlede sit mod, og sagde hun til pigen: Jeg går i "Godhavn Skole". Simones forudsigelse blev ikke gjort til skamme: Pigen reagerede teatralsk måbende: "Whaaat, du virker da ellers normal?". Simone fortrød sin åbenhed og sagde ikke noget om, hvor hun boede.

Nede i bassinet overdøvedes sanserne heldigvis af vandet, og Simone kunne læne sig erfarent ind i trænerens opvarmningsprogram. Til hendes tilfredshed svømmede hun langt hurtigere end den dér pige. Senere kunne Simone fryde sig over at særligt undervandsarbejdet ved fly fik hende langt foran de andre. Da de til sidst havde "snakke-ben", hvor de kølede ned efter træningen, så lod Simone sig sakke bagud ned til pigen og lagde sig ved siden af hende. Simone fik lige styr på vejrtrækningen og sagde så med rolig stemme: "Nå, ja – jeg bor også på ungehjemmet Godhavn. Hvor bor du?" Pigen drejede hovedet i et ryk, tøvede og sagde så: Jeg bor mest hos min far. Min mor er flyttet ret langt væk ...Og så ...så er det jo svært med skole og sådan ...ik?" Simone mumlede noget, som forståelse af det sagte.

Træneren henvendte sig til Simone, da de stod på bassinkanten igen. Simone lukkede håndklædet om sig for at skjule den slidte svømmedragt. "Nå, men det kan du jo godt finde ud af" sagde han konstaterende. Simone rankede sig, men hun sagde ikke noget. Pigen fra før stod nær ved og lyttede åbenlyst.

"Du er velkommen på vores konkurrencehold" sagde træneren, som om han præsenterede hende for en VM-mulighed.

Simone var lige ved at svare med det samme – det føltes helt klart som en god ting: "Jeg vil gerne vente med at svare – er det okay?"

Træneren samtykkede med en undrende rynke i panden og hovedet forvirret til siden.

Da pigen passerede forbi, klappede hun anerkendende Simone på skulderen.

På vej til Godhavn i toget sad Simone og tænkte tilbage på Bos snak om "haven": Nu havde hun følelsen af, sådan generelt, at have lidt mere styr på sin have – ville det så være det rigtige at starte op som konkurrencesvømmer igen? Hun grublede videre over dette. Der havde jo også været en del pres forbundet med dét at være konkurrencesvømmer – alene logistikken med de mange træninger ...Det var dér, det var gået galt i hendes familie. Dén opbakning kunne hendes forældre simpelthen ikke yde, når hendes søster havde det svært. Hendes daværende træner havde gerne villet hjælpe, men Simone havde afvist det og sagt, at hun alligevel overvejede at stoppe. Men det var jo slet ikke sandt. Selvom svømning havde været hendes passion, havde hun altså undgået det i nogen tid.

Tilbage på afdelingen drøftede Simone det med Pia. "Simone, du er jo en klog og stræbsom pige og garanteret god til at svømme, men hvad tænker du selv?"

Simone varmede sig lidt ved Pias ord, men var alligevel i tvivl. Det havde værdi at blive tilbudt en plads på konkurrenceholdet, det var en slags blåstempling. "Nej, jeg tror ikke, at jeg gør det, men jeg vil gerne blive ved med at svømme på det hold de kalder Teen swim, fra i dag".

Pia spidsede læberne, kiggede på Simone med et grundigt undersøgende blik og nikkede kontant som svar.

"Jeg behøver ikke konkurrere, for at vise at jeg er god nok", fastslog Simone.

Pia reagerede med løftede øjenbryn på Simones svar.

Den aftens samtale over middagen på afdelingen blev præget af en anden ungs sejr. Vilja havde været i erhvervspraktik som pædagogmedhjælper i den nærliggende børnehave. Vilja fortalte grinende om, hvordan hun havde lavet mudderkager med børnene. Et barn havde ønsket, at Vilja skulle smage, og Vilja havde rent faktisk taget en bid af kagen. Barnet havde stirret og Vilja havde grinende forsøgt at spytte mudderet ud. Børnene havde været begejstrede over Viljas kulørte hår. Vilja fremdrog nu en tegning, der forestillede en pige med langt hår, i alle regnbuens farver. Det havde været en gave fra et af børnehavebørnene.

Pia besluttede med det samme, at den da skulle på afdelingens køleskabslåge og sagde grinende: "Vi har de skønneste unge på Godhavn"

17. BESTYRELSESMIDDAG - TORNET TILVÆRELSE

"Nu skal du bare høre!" Entusiasmen stod ud af Søs' stemme, da hun kom hen til Simones bord i klassen. I en sådan grad at de andre elever også vendte hovedet i deres retning. Simone bøjede hovedet en anelse, så pandehåret faldt ned. Søs gav Simones skulder et blidt klem, satte sig på hug foran Simones bord. Simone havde set dét trick før – når læreren gjorde sig lille. Simone himlede lidt med øjnene inde bag pandehåret. *Tror hun, at jeg er et skræmt dyr eller hva?*

Så Simone børstede pandehåret væk og rettede sig op: "Mmm?"

Søs' satte i med genvunden begejstring: "Du blev jo valgt som elevrådsrepræsentant, og hele elevrådet er inviteret til middag med bestyrelsen. Så kan du give dem dine synsvinkler på Godhavn Skole".

Simone sugede luft ind gennem næsen, holdt vejret lidt og hørte sig selv sige med påtaget glæde: "Spændende – vildt nok!"

Tore vendte sig storsmilende rundt og gav knuckles til Simone: "Tillykke –Fedt! Du får sgu adgang til dem, der bestemmer – og hey: sikrer du så ik en fed fest til sidste skoledag? Ej, det er bare fis – tillykke med det."

Simone rakte ud over sin usikkerhed og spurgte: Jamen, hvad skal jeg sige? Hvorfor skulle de lytte til én som mig?

Tore beroligede hende: "Hey, de er der jo for *din* skyld – ikke omvendt".

Storm blandede sig nu: "Du skal da bare være deres velvillige, søde, lille marionetdukke", mens han lavede fagterne dertil.

Tore himlede øjne og gav Simone thumbs-up på, at det nok skulle gå.

Efter skole smugkiggede Simone ind i kantinen. Herinde gik køkkendamen Lis og var i gang med at folde servietter, og der blev virkelig kræset for borddækningen. Simone blev lidt betuttet, men Lis opmuntrede hende og fortalte, at det nok skulle gå, hvilket kokken Lennie gav hende ret i, mens hans stod i køkkenet og lagde sidste hånd på middagen.

Simone gik hjem på værelset og gjorde sig klar, med en lidt spændt følelse i maven. Hun forsøgte at snøre de voksne, ved at fake en hovedpine, men den gik ikke. Simone ville så i det mindste ankomme tidligt, for at undgå at skulle gå rundt og give hånd til alle de voksne.

Bo havde fulgt hende på vej og vel ankommet konstaterede de sammen, at Halin, fra en af de yngre klasser, havde valgt samme taktik. Halin stod nu og rettede på krøllerne, der ellers allerede sad perfekt. Bo skulle gå, og de to piger stod forlegne op mod bagvæggen i kantinen, da bestyrelsen begyndte at ankomme. De gav alle formelt, men venligt hånd til de to piger. Når Simone ikke gav hånd, stod hun og tappede fingerspidserne mod hinanden – en metode hun havde lært, til at skabe ro i kroppen. Simone havde nået at finde bestyrelsens medlemmer på Godhavn.dk og var blevet imponeret over listen. Halins stemme virkede også lidt mere skinger end den plejede.

Under middagen gjorde de voksne sig umage med at konversere med pigerne, og spurgte ind til hverdagen på Godhavn. Halin blev så nervøs, at hun fumlende fik væltet sin sodavand og indholdet flød over mod forstanderen, der hurtigt fik standset den lille flodbølge samt signaleret omsorgsfuldt til Halin, at det jo var, hvad der kunne ske.

Simone fortalte om lejrskolen, Godhavnslege og sin svømning, mens voksne øjne fulgte hendes ord og nikkede interesseret. Simone kunne i overensstemmelse med sandheden, fortælle at hun var glad for at gå i skolen, men at det jo ikke var alle, der havde det på den måde. Simone blev spurgt, om hun også var glad for sin gamle skole, til dét trak hun lidt tøvende på skuldrene.

"Hvad med venner – har du nogle gode venner?

Simone tænkte på nogle gamle klassekammerater *Er det venner, stadigvæk?*

Hun svarede i stedet med: "Nogle gange … er bare lidt svært at sige nu … ude omkring, væk fra Godhavn …, at man går på Godhavn Skole eller at man bor her. Så sætter folk straks én i bås."

Den voksne rynkede brynene og nikkede tænksomt. Simone tænkte tilbage på pigen i svømmehallen på Teen Swim-holdet – det blik hun havde sendt Simone og en forurettet frustreret knude samlede sig:

"Når man sådan klumper os sammen – os "behandlingskrævende". Simone havde sagt det sidste med "kaninører" og let vrængende stemme.

"Så ...så har det altså stor indflydelse på, hvordan folk ser os" afrundede hun med lidt blødere stemme: " ...Og vi har alle et liv med lidt ekstra torne."

Manden så tænksomt på Simone og svarede i øjenhøjde med en livsslebet stemme: "Ja, der er jo ingen, der får det hele"

Han lænede sig lidt medsammensvorent over mod Simone og tilføjede: "Og de ser verden gennem briller tonet i deres egen yndlingsfarve". Simone mærkede hans oprigtighed i det sagte. Han klappede hendes hånd: "Livet har både sorger og bekymringer – lad det ikke definere dig, min ven!"

Med en sprød beslutsomhed svarede Simone: "Nej. Jeg har tænkt mig få styr på min have – jeg har tænkt mig at vare!"

Simone havde ved middagens start været anspændt og havde følt sig totalt akavet i de voksnes selskab. Også fordi hun forstod, at det var veluddannede, magtfulde mennesker. Også på Godhavn havde Simone indledende følt sig malplaceret. Lidt ligesom et billede klippet ud af et blad og limet sjusket ind i en ny, helt anderledes, sammenhæng.

Men samtalen med den rare bordherre, havde taget en uventet drejning. Han havde lyttet mere oprigtigt end Simone havde været forberedt på. *Var det mon bare fordi, der også var forældrerepræsentanter til stede?* Det omsorgsfulde nærvær kunne være en flyvsk størrelse. Simone trak på skuldrene for sig selv, mens fødderne ledte hende hjemad. Middagen var jo trods alt gået godt og hun så frem til at fortælle Søs og Tore om det i morgen. Storm ville nok ikke interessere sig for det. Han havde vist også en tornet tilværelse.

18. JUL – MOD LYSENE

Vejret kølnedes og stierne omkring Godhavns arealer var ikke længere fyldt med nedfaldne blade, men havde nogle morgener været ganske glatte, når man skulle gå over til skolen.

Søs havde ugen forinden forklaret konceptet juleuger, som en række værkstedsdage, hvor man havde mulighed for at prøve kræfter med forskellige håndværk og lave julegaver til ens nære og kære. Der var bl.a. mulighed for snedker, smedje, glasværksted, bolsjeværksted, krea og småkagebagning. Eleverne fra Lejligheden skulle omkring alle værkstederne.

Simone glædede sig mest til krea, men da dagen kom, hvor Bo og Søs fulgte klassen til Krea, så slog det Simone. *Hvem skal jeg lave gaver til?* Forholdet til dem derhjemme var stadig stivnet. Næste bølge ramte Simone: *Hvor skal jeg overhovedet holde jul?* Simone var klar over at jul på boafdelingen var en mulighed, men var det også virkelig dét hun ønskede? *Mors appelsiner med nelliker, søsterens grimme julekonfekt, fars særlige glögg, farmors hæklede julehjerter på juletræet i stuen derhjemme ...Derhjemme? Eller jul med Gyda på afdelingen ...*Alt dette foregik inde i Simone, mens hendes fingre borede sig ind i noget ler, der ellers skulle have formet sig som et lille hvidt keramik-juletræ. Hun opdagede nu selv fingrenes anspændthed og havde svært ved at få vejret. Selv om Simone prøvede, så kunne hun ikke få vejret ned i lungerne – det blev kun lige oppe ved overfladen, stikkende i halsen. En kvalm følelse i maven tog til, hjertet hamrede, det prikkede og snurrede nu i fingrene, som føltes helt kolde. Alt dette imens de voksne og klassekammeraterne var lige omkring hende. Simones blik klæbede sig til leret, der flød ud imellem fingrene på hende.

Hun følte sig utroligt ensom midt i julehyggen. Der stod pebernødder på bordet og guirlander hang ned mellem lamperne. Små kravlenisser pyntede ved vinduerne. Simone borede de lerede fingernegle ind i håndfladen, og roligt fik hun styr på sin vejrtrækning. Indånding. Udånding. Gentag. Langsomt. Indånding. Udånding.

Storm konstaterede højlydt: "Årh, den der klump, bliver da vist aldrig til et juletræ?" Tore svarede: "Jo jo – Simone er på god fod med julemandens hjælpere". Simone måtte smile af drengenes ordveksling, men smilet sad bare tyndt, blegt og stift. Tore skubbede fadet med pebernødder over til Simone, og hun viste sine lerede hænder frem. Han tolkede det som en invitation til at håndfodre hende. Simone følte, at det ville være afvisende at sige nej og åbnede munden. Pebernødden voksede dog nærmest i munden på hende, så hun spyttede den diskret ud i noget silkepapir fra bordet og krøllede det sammen.

Simone havde altid elsket julen, men denne jul ville blive anderledes. For første gang i sit liv var hun adskilt fra sin familie. Tankerne om dem fyldte – savnet gjorde ondt, og angsten for det ukendte krammede hende som en ubehagelig skygge. *Hvad ville de lave? Ville de tænke på hende? Havde de mon købt en gave til hende?*

Simones tanker blev afbrudt, da Storm storgrinende fortalte om engang, hvor hans far skulle være julemand og kostumets bukser var sprækket bag på, da faren lænede sig frem for at give en gave til Storms lillesøster. Lillesøsteren havde da genkendt julemandens boksershorts som sin fars. Simone tænkte på dengang, hvor hendes familie havde været på julemarked i Sverige og købt julepynt. Simone havde fået en julekugle af glas i samme farve som svømmehallens vand. Hendes søster havde endt med at kaste glaskuglen igennem stuen juleaften … Simone følte ikke, at det var dén slags juleminde, som man deler med sine klassekammerater. Men andre begyndte at fortælle deres egne oplevelser med jul. Hver historie vævede et lille bånd af samhørighed og glæde, der forbandt flokken af klassekammerater. Søs sad stille og smilede nikkende for sig selv. Og for første gang i lang tid fornemmede Simone, at hun faktisk kunne være en del af dette fællesskab, en del af noget større.

Selve juleaften tilbragte Simone på afdelingen sammen med Vilja og Phillip samt Gyda. Gyda havde hele dagen hygget om julemaden og stemningen på afdelingen føltes som en varm omfavnelse. Bo kiggede forbi og hjalp med at pynte juletræet. Det blev pyntet med købt pynt, samt noget af det, som de unge selv havde lavet i juleugerne. En lidt besynderlig blanding, men nok meget passende til denne jul i dette hus. Senere blev det besluttet at tage en gruppeselfie, hvor alle havde nissehuer på. Simone modtog også billedet og valgte at sende det videre til familien i en besked, hvor hun ønskede dem god jul. Hurtigt svarede de med et gruppebillede og et hjerte.

Gydas middag var traditionel og veltilberedt. Phillip roste Gydas mad i høje toner: "Din mad er altså bare sygt fråderen".

Senere, efter middagen, da det var tid til at tænde træet, blev alle andre lamper slukket, og de samledes omkring juletræet. Der blev tændt lys i mørket. Et øjeblik var der helt stille, og alles øjne hvilede på det strålende juletræ. Selvom de var her på boafdelingen, og ikke med deres familier, så kunne julen stadig blive god. Simone lod blikket glide rundt og så glade ansigtstræk hos Vilja, Phillip og Gyda. Og selvom det ikke var familien, som Simone var vant til, var det bare en ny form for fællesskab – et, hvor hun kunne føle sig tryg. Hvor de så og hørte hende. Hun opdagede, at selv når man er langt væk fra dem man kender og elsker, så kan man stadig finde lys og varm kærlighed i de uventede øjeblikke.

Simone fik en ny Arena svømmetaske, som hun havde ønsket sig, men det bedste var næsten at se Vilja åbne gaven fra Phillip. En pladeafspiller og en plade med John Mogensen. Vilja tog Phillips hånd og klemte den. Phillip rødmede let, løsrev sig og fik hurtigt pladespilleren sat til forstærkeren i stuen, satte pladen på og valgte at afspille "Så længe jeg lever". Gyda stod på sidelinjen med et bredt smil, som en stolt mor. Var det en tåre man anede i øjenkrogen?

Simones mobil lyste op – far havde sendt nogle penge via mobilepay. Simone afviste betalingen.

Simone rettede i stedet opmærksomheden mod lysene.

19. JULEFERIE – SITRENDE URO

Juleaften passerede, og Simone bar en nye opdagelse med sig: at hun var stærkere, end hun havde troet og tilværelsen kunne blomstre, selv under de mest usædvanlige omstændigheder. Med den vished i rygsækken, tog hun lidt mere fortrøstningsfuldt hjem på samvær.

Simone blev kørt hjem til mor og far af Gyda. Det var hendes søster, der mødte dem i døren. Ikke for at sige velkommen, men fordi hun var i færd med at storme ud ad døren, alt imens hun brølede:

"Jeg magter ikke jeres fucking pis mere!"

Simone fik et kort hvæsende "hej", og søsteren var suset bort.

Gyda stod lidt derfra og afventede situationen. "Skal jeg ikke blive lidt?" "Nej nej – jeg har styr på det", svarede Simone.

"OK, men du ringer bare. Jeg kan være her hurtigt, ik?".

Simone nikkede til svar og vinkede Gyda afsted.

Inden døre hængte Simone sin jakke på bøjle i garderoben og lukkede sig ind i køkkenet. Hun standsede i døren, idet der mødte hende et kaos af den anden verden. Potter og pander, rester og rod fyldte begge køkkenborde og på spisebordet stod tallerkener fra flere dage. Simone gik ind, løftede hurtigt foden, da noget knasede nede under den – en småkage. Inde i stuen lå juletræet ned, med pynt og de hele, og hendes mor sad der, sammenkrummet på gulvet med armene omkring sig. Simone gik hen til hende. Satte sig på knæ og lagde en arm omkring sin mor. Aede hende på ryggen. Fandt en beroligende røst frem:

"Hey, er du okay?"

Hvorved den voksne kvinde på gulvet hulkede som et lille barn.

Simone fortsatte med at trøste. "Hvor er far?"

"Jeg ved det ikke" – svarede moren.

Simone gik i gang med at rydde op ude i køkkenet. Startede med at tømme opvaskeren, så den kunne blive sat i gang på ny. Kort efter kom hendes far hjem, han havde været nede for at hente pizza. Moren havde bevæget sig ned i soveværelset, hvor rullegardinerne var trukket ned og døren lukket. I et stykke tid blev der ikke sagt ord mellem far og datter. Ordløst fik de sat tallerkener og glas frem, og de satte sig ved det nu rene spisebord og gik i gang med at spise. Simone orkede ikke at høre endnu en fortælling om ballade og baldrede følelser. Hun gik i stedet i gang med at fortælle, lidt påtaget muntert, om sin egen juleaften. Hun lykkedes med at holde et blegt smil flydende. Men dén fortælling fremhævede, på en eller anden måde, det tilbageværende kaos i huset.

Faren påbegyndte en fortælling om familiens tur til julegudstjeneste, men løb ligesom tør for ord, da der skulle berettes om juleaften derhjemme. Simone oplevede det, som om hun svævede op i luften og så ned på den tilværelse, der tidligere var hendes. Det var som en "Find Holger"-situation, hvor Holger nu stod lysende, blinkende frem. Denne uforudsigelige, kaosagtige hverdag havde været hendes – Altid svingende mellem pæn facade og hjemligt kaos. Mellem normal familie og ubalancerede relationer. Her havde Simone oplevet, at hendes følelser og tanker kom i anden række.

Simone kunne med knusende nøjagtighed udpege elementer, alle barndommens øjeblikke, hvor jorden forsvandt usikkert under fødderne. De var nu blevet indlejret i hende som selvødelæggende adfærd, angstanfald og en overdreven opmærksomhed på sine omgivelser. Hun havde lært sig, at leve med en kronisk tilstand af hyperårvågenhed og at søge lindring ved cutting, der gav en kort (falsk) følelse af kontrol.

Simone lyttede ikke længere til sin fars stemme. *Hvis jeg bliver ved med at sætte handlinger i dette hus i centrum, så bliver jeg aldrig fri.*

Ofte ville Simone have oplevet angsten konspirere med bekymringen for mors tilstand nede i soveværelset og deraf føle et behov for at hjælpe moren. Men nu tog Simone sin mobiltelefon frem og trykkede 1 – Gydas nummer var på hurtigkald. "Kan du hente mig?"

I bilen på vej tilbage til Godhavn, sad Simone og knugede sine hænder, indtil hun tog sig i det, hvorefter hun placerede dem fast under lårene. Hun bed sig i læben og skævede over mod Gyda ud igennem pandehåret. Simone var i tvivl om, hvad og hvor meget hun skulle sige. Heldigvis var køreturen ikke så lang, så hun undlod at sige noget, selvom stilheden var tyk.

Gyda sendte hende af og til at opmuntrende blik eller aede hende på skulderen. Den forsvandt ikke – den sitrende uro.

20. FØDSELSDAG – HIP HURRA

Ved boafdelingen gik Simone ikke ind med det samme, men gik i stedet over til Snaffi. Bo stod ovre ved hoveddøren, men undlod at gå hen til Simone. Nu kom Snaffi skridtende roligt helt hen til indhegningen og rakte hovedet over mod Simone. Måske troede den, at hun havde noget spiseligt i lommerne, men Simone benyttede muligheden til at læne sig ind mod den hals og holde om den. Mærkede den bløde pels og lod fingrene flette sig ind i hestens pels, mens hun indsnusede dens særlige lugt. Den rykkede med hovedet, og Simone tog forskrækket nogle skridt baglæns. Hesten virkede dog stadig rolig, og hun gik forsigtigt hen til den igen.

Ligesom dengang hvor Simone var ny på Godhavn, kom Phillip hen til hende: "Hey – jeg hørte at du var tilbage – er det ikke før tid?" Simone nikkede.

Jeg kan jo ikke fortælle ham om det her.

Phillip lod sig ikke gå på af, at hun ikke svarede: "Du kan jo tage med mig ned og handle til fødselsdagen?

Simone undrede sig: "Hvem har fødselsdag?"

"Det har Vilja."

"OK – ja, fint!" og de gik over mod bilen, hvor Pia ventede.

Pia havde fået den idé, at der skulle pyntes op, som om det var en børnefødselsdag på afdelingen. "Ja, sidste år ønskede Vilja ikke at vi fejrede det, eller gjorde noget stort. Men nu har hun sagt ja. Så går vi all in!"

Vilja havde indledende ikke ønsket sig nogen særlig opmærksomhed på sin fødselsdag, bl.a. fordi det på sådanne mærkedage kan være svært at modtage hyldest, men alligevel være så langt fra familien. Vilja havde dog alligevel indrømmet til Bo, at det kunne være hyggeligt med lidt opmærksomhed på dagen.

Inde i supermarkedet blev der handlet ind i til den helt store fest. Hver gang Simone eller Phillip foreslog noget, sagde Pia bare "JA DA!" med begejstring og entusiasme.

Pia faldt i snak med den unge fyr ved kassen, som viste sig at være én, der tidligere havde boet på Godhavn, men nu var en del af "Netværket".

Da de lidt efter havde anbragt alle poserne i bilen, spurgte Simone: "Hvad er Netværket?"

Pia samlede lige sine tanker, men svarede så: "Netværket er for unge, der flytter i egen lejlighed, men som har brug for støtte i forhold til de udfordringer, som dét kan give. Du ved: stå op om morgenen, gå til møder med f.eks. kommunen, betale regninger, gå til fritidsinteresser ...sådan noget".

Simone overvejede atter: "Men, hvor bor man, hvis man ikke bor på Godhavn?"

"Man kan bl.a. bo i vores hus på Langesvej i Hillerød. Phillip skal måske nok den vej snart."

Ved den kommentar rankede Phillip sig lidt på bagsædet ved siden af Simone.

Tilbage på afdelingen blev de indkøbte sager gemt, så Vilja ikke skulle opdage dem. Phillip satte sig og klargjorde en playliste til morgenen. Den skulle bl.a. indeholde Hip Hurra det' min fødselsdag, med Tommy Seebach. Phillip sad og rystede på hovedet med et skævt smil imens, for egentlig opfattede han Viljas musiksmag som totalt kikset. Dog havde han efterhånden et godt greb om, hvilken slags musik hun ville foretrække. På et tidspunkt var han væk fra afdelingen i et stykke tid. Det lykkedes at holde forberedelserne hemmelige, idet Vilja kom hjem den aften.

Næste morgen blev Vilja vækket med fødselsdagssang. Bo havde taget den skæve gamle guitar fra væggen i køkkenet og legede, at han spillede til den fælles fødselsdagssang. Vilja blev helt rundt på gulvet over den massive opmærksomhed, men smilede alligevel over hele hovedet.

Da Vilja kom ud i køkkenet, blev hun helt paf over al den farverige pynt: multifarvede guirlander, folieballoner med konfetti i, glimmerforhæng ind til stuen, små flag på bordet. Det lignede, at man havde røvet en regnbue-butik. Bo truede med også at give et nummer med den gamle tuba, men i stedet satte Phillip Hip Hurra-sangen på, og Vilja opførte en lille improviseret dans. Gyda havde gjort lidt ekstra ud af morgenmaden, men det bedste øjeblik indtraf da Phillip fremdrog den kage, som han selv havde bagt til Vilja aftenen før. Da han aftenen før var forsvundet for en stund, var det for at bage på en anden afdeling. Heldigvis havde de voksne på den anden afdeling indvilget i at hjælpe ham, så nu stod han der med et fad med hjerteformede browniekager, komplet med glasur og farverigt krymmel.

Phillip pegede og sagde grinende: "Se, ligesom dit hår".

Gyda slog hænderne sammen og Simone nærstuderede Gydas ansigt, kvalte et fnis: "Sig mig, er det en tåre?"

Vilja blev begejstret over al den farverige pynt og insisterede på, at alle omkring bordet skulle iklæde sig de farverige hatte. Fordi Bo havde udsat alle for fødselsdagssangen på den gamle guitar, så måtte selv han acceptere denne udfordring. Det så nu lidt komisk ud på en fuldvoksen mand.

Vilja sang en strofe: "Livet er ikke det værste man har, og om lidt er kaffen klar" og alle indtog nu deres morgenmad med brownie til dessert.

Formiddagen gik med hygge på afdelingen, og om eftermiddagen samledes en masse af børn og unge fra alle boafdelinger i den gamle gymnastiksal til en omgang stikbold. Efter nogen tid fik det dog sin afslutning, da Storm fik tyret en bold med for stor kraft direkte i hovedet på en lille dreng fra Toftens boafdeling, hvorefter Bo måtte følge Storm hjem.

Flere dage i slentretempo fulgte, men snart skulle skolen starte op igen. Simone så ikke frem til at skulle tidligt op igen. Hun var kommet sent i seng flere aftener pga. hygge med vennerne online. Det var fedt at have mulighed for at kunne mødes med nogle unge på de sociale medier og danne fællesskaber med dem. Simone var glad for at kunne vælge, hvilke oplevelser hun gerne ville dele, og hvilke hun ville holde for sig selv. F.eks. kom hun ikke nærmere ind på, hvem hun havde holdt jul med eller hvor, men forklarede at det fællesfoto fra juleaften, som hun delte med gruppen, bare var fra en julefrokost. Online-gruppen mærkedes som et frirum, hvor Simone følte sig tryg og kunne slappe af. Der blandedes liv som det naturligste i verden, med et uudtalt løfte om forståelse

Nytår passerede begivenhedsløst. Simone fravalgte at tage hjem til mor og far. Hun nægtede at følge den samværsplan, der ellers var blevet lagt i samarbejde med kommunen. Gyda havde sammen med Pia prøvet at få Simone til virkelig at mærke efter, om det nu også var den rette beslutning, men på samme tid markeret at de IKKE ville presse hende. Simone fastholdt et bestemt: "NEJ!"

Dét, at de voksne anerkendte og accepterede Simones standpunkt, gav hende en oplevelse af at blive set og hørt. Det var egentligt lidt overvældende, fordi Simone igennem tiden var erfaren i *ikke* at lade sig se eller høre. Hun havde stræbt efter *ikke* at give udtryk for noget – at være usynlig. Der var dengang sket alt muligt derhjemme, men Simone mestrede at skjule det hele med sit stenansigt og jævnt gode opførsel.

Det, at nogle voksne på Godhavn insisterede på at lytte til Simone, opfattede hun ikke som kærlighed – så naiv lod hun sig ikke være. Men det var alligevel en omsorg, at de voksne SÅ de unge, kendte deres baggrund og de behov det affødte, og samtidig var bevidste og ansvarlige nok til at handle efter dét, som ville være det rette for den enkelte unge. Viljas fødselsdag med musik og tju-hej, var også et eksempel derpå.

Aftenen før skolestart i januar klagede Simone over hoved- og mavepine. Og havde hun ikke også lidt feber? Pia havde lagt hovedet på skrå og kigget på hende med gennemborende øjne ...uden at sige noget ...

”Okay, jeg skal nok gå i skole i morgen” måtte Simone til sidst sige med flovt nedslået blik og et lille skævt smil ”Hip hurraaa”.

21. SKOLESTART JANUAR – TRÆLS

Simone mødte ind som vanligt i Lejligheden. Søs stod sammen med de andre voksne i teamet, klar til at tage imod eleverne. Det var ikke kun dårligt at være tilbage. Simone havde jo egentlig altid holdt af skolens faste forudsigelige rammer og ydede mest symbolsk modstand, for ikke at tiltrække sig uvelkommen opmærksomhed fra klassekammeraterne. Simone så bare ikke frem til at skulle gennem manøvren: "Fortæl klassen om din ferie". Det var svært at komme med en fortælling som både var sand, og noget man havde lyst til at dele med en klasse.

"Heyiiii, Simone!"

Tore kom drønende over mod Simone og krammede hende overstadigt.

Simone krammede akavet igen: "Sig mig, synes du slet ikke, at det er hårdt at starte op igen?"

Tore trak bare på skuldrene og var allerede videre for at kramme den næste klassekammerat. Simone stod tilbage og så smilende efter ham. *Hans humør er da for vildt,* mens hun rystede på hovedet ad ham.

Søs sprang heldigvis ferie-fortællingerne over, og lod dem have nogle lidt lette dage til opstart i det nye år, men så strammedes skruerne og et udfordrende bombardement begyndte, med skyts som:

Hovedværk
Terminsprøver
Ungdomsuddannelsesvejledning
Erhvervspraktik
– Alt sammen inden for nogle måneder!

Eleverne sad let lammede og lo prøvende. Men der var ikke tale om en joke. Søs mente det i ramme alvor. Simone vendte sig om mod Bo, han nikkede også!

For Simone viste hovedværket sig at være en glædelig overraskelse. Det var en bog, som klassen skulle læse i fællesskab, og det viste sig at være Ronja Røverdatter af Astrid Lindgren. Søs indrømmede, at bogen ofte blev brugt til yngre elever, men hun argumenterede for klassen:

"Den her bog, kan virkelig sige noget om venskab, til jer unge mennesker"

Simone havde engang set stykket i teateret med sin far, og han havde også læst bogen højt for hende. Simone havde været imponeret over røverdatterens mod, mens hun selv sad og puttede trygt under sin fars arm i sofaen. Men så meget havde ændret sig siden. Simone tillod sig ikke at gå mere ind i de tanker, men fokuserede på at pille ved en neglerod, indtil det begyndte at bløde. Bo havde spottet dette og kom over og rakte hende tavst et stykke køkkenrulle. *Busted!*

Storm startede sin læsning af hovedværket, med at smide sin bog ud ad vinduet. Bo fik ham til at hente bogen og satte sig derpå ind i bi-lokalet med Storm. Søs havde planlagt et længere forløb, hvor de arbejdede kreativt med bogen. De skulle bl.a. lave stop-motion, hvor Simone blev sat i gruppe med Tore.

Tore virkede begejstret over samarbejdet, hvor Simone gik til det med lidt mere tilbageholdt entusiasme. Det var rarest, når en voksen satte forudsigelige rammer og styrede det hele.

Tore spurgte: "Skal vi ikke vælge den del, hvor Ronja stikker af hjemmefra ud i skoven?"

Simone godtog neutralt Tores forslag, og de satte sig til at skrive på manuskriptet sammen. Tore var begejstret for Simones formuleringer undervejs, men hun holdt kortene tæt ind til livet og fortalte ikke om hvor meget hun kunne relatere til Ronja. *At være nødt til at flytte ...*

Et andet hold i klassen havde valgt at fokusere på den del, hvor Ronja forsoner sig med sin familie igen. Faren indser, at savnet til Ronja er for stort og indgår derfor et kompromis, hvorved datteren atter kan komme hjem. Følelser forrådte Simone og forræderiske tårer begyndte at trille ned ad Simones kinder. Simone tørrede dem irriteret bort – *så meget for at gå i et med væggen.*

Tore havde dog spottet Simones tårer og sagde teatralsk ridderligt:

"Undskyld aldrig for dine tårer – de er smukke"

Simone hvæsede tilbage: "Jeg tuder ik!"

Ved den hævede stemme kom Søs fluks hen for at se til dem, men det gjorde sådan set bare tårerne endnu mere insisterende. Og nu kiggede de andre klassekammerater også! Der røg planen om at undgå de andres opmærksomhed. Simone rejste sig og løb ud af klassen. Hurtigt ned ad trappen fra klassen og ud i skolegården. Pedellen stod uden for sit værksted og kiggede undrende op, men Simone drønede bare videre ud på fortovet, over skinnerne, ned ad flisegangen, forbi Toften, forbi Sletten, forbi det hjemmemalede farverige skilt: "Her bor vi", hen til hoveddøren, ind, smække døren, forbi en undrende Pia og ind på værelset. SMAK! sagde døren.

Lige nu var sindets sluser åbne, og det føltes for Simone, som om hverdagen havde klør. Fuck finken Ronja! Simone smed sig på sengen og hamrede sine næver ned i puden, greb Bamsen Bambi og holdt den stramt mod ansigtet. De forbandede fnugagtige følelser måtte virkelig gerne fucke af. Simone samlede sig som en lille kugle med armene om sig selv og Bambi, for at undvige følelsen af at gå i tusind stykker. Pia kom ind på værelset og satte sig og aede Simone hen over ryggen. Simone bevægede sig ikke, men sagde:

"Lad mig være – giv mig fred."

Senere bankede Gyda på døren og stak prøvende hovedet ind:

"Jeg har lige haft uge-ring med din far. Jeg skulle hilse."

Simone lod være med at røre sig og lod som om hun sov, snorkede lidt for en sikkerheds skyld.

"Han glæder sig til den kommende weekend, hvor han kommer herop på besøg."

Simone droppede de falske snork, og satte sig brat op for at kunne sige:

"Jeg vil ikke se ham. Nogen af dem. De er ikke til at regne med. Aldrig"

Gyda kom ind og satte sig i enden af sengen, nussede Simones fødder og sagde med rolig stemme:

"Der kan ske meget mellem nu og aldrig. Du skal dog vide, at det er dig, der beslutter, hvornår du vil se din far igen."

"Jeg er ikke klar. Ikke endnu ...?"

Gyda nikkede, nussede fortsat fødderne. Simone faldt lidt til ro ved det:

"Jeg ved ikke, hvordan vi kan være sammen mere."

Gyda blev siddende. Nussende. Afventende.

Simone understregede: "Jeg bliver ik tvunget, vel? Lover du det?"

Gyda nikkede og var helt på det rene med, at Simone lige nu tryktestede, om hun kunne føle sig sikker.

Simone blev overvældet af en tankestrøm, hvis indhold nærmest druknede hende. Hun følte sig opslugt af et flashback, hvor søsteren gakkede ud engang i et shoppingcenter. Far havde været med og egentlig skulle det have været en hyggetur med indkøb af nye skolesager, men søsteren kunne ikke få den taske, som hun havde sat sig for og flippede skråt. Farens humør kom i svingninger i et forsøg på at lægge en dæmper på søsteren, men uden held.

Simone havde stået på sidelinjen og flovt betragtet det hele. Søsteren løb væk. Faren løb med. Simone stod fastfrossent. Forladt. Alene, mens de mange fremmede passerede forbi.

Simone lå i sengen, og de svære følelser passerede igennem hende med en styrke, så hun havde svært ved at trække vejret.

Langsomt landede hun i kroppen igen, idet hun bemærkede Gyda varme hænder om sine fødder. Gydas nærværende opmærksomhed tegnede fraværet af omsorg hos Simones forældre smertefuldt tydeligt op. Heldigvis virkede det ikke til at være nysgerrighed forklædt som omsorg.

Simone trak vejret dybt nogle gange. Blinkede tårer og tanker bort og sagde: "Du nusser næsten ligesom min mor engang gjorde."

Gyda svarede med: "Mm-Hmm?"

Simone uddybede: "Indtil min søster havde brug for hende. Det var træls"

22. TERMINSPRØVER – EN STILLE KAMP

Weekenden passerede og Simone fik ikke besøg af sin far. Hun undlod også at svare på den SMS, som han havde sendt:

"Er du OK, SiSi?"

Simone blev lidt blød om hjertet, ved at se kælenavnet fra hendes barndom, men det ændrede ikke ved hendes beslutning. For nu i hvert fald.

I skolen varslede Søs den kommende uges terminsprøver, og så var fokus rettet mod dén udfordring. På afdelingen viste det sig, at også Vilja og Phillip havde terminsprøver i samme periode. Phillip drillede Vilja med sidste år, hvor både Viljas hår og sind, var gået i sort under det faglige pres. Simone bemærkede, at de begge virkede nogenlunde afslappede over prøverne. Hun overhørte dog, at Vilja sagde til Phillip: Jeg plastrer bare et smil på, når jeg har ikke kræfter til at tale om det." Simone kunne godt genkende den taktik.

Gyda sagde dog gammelklogt hen over køkkenøen til ungegruppen: "Bekymringer fjerner ikke fremtidens problemer. Bekymringer fjerner nutidens ro," hvorefter hun med genkendelig rytme hakkede grøntsagerne.

I klassen var flere elever lidt sitrende i humøret. Ikke alle fandt det lige morsomt at få testet sin faglighed. Tore var blandt dem, der var nervøse, hvilket Simone tydeligt kunne mærke. Hun lod dog tålmodigt Tore have muligheden for at distancere sig til prøverne, ved at han lystigt ævlede løs om noget mærketøj fra Moncler, som han snart skulle købe. Simone rystede lidt på hovedet ad ham og indvendte mumlende:

"Forbrug og usikkerhed er hinandens bedste venner. "

Simones egne tanker rumlede omkring det med samværet med familien. Det skulle Tore ikke høre om.

Terminsprøverne blev afholdt i klassens vante rammer, idet flere af eleverne havde udtrykt, at de ville være mest trygge ved den løsning.

"I skal have det så godt som muligt," sagde Søs og lod eleverne bestemme lokationen for årets terminsprøver. Hendes håbefulde peptalk og store tiltro på selve dagen indeholdt brændstof for de unges arbejde med opgaverne.

Storm havde dog svært ved at være i det, og forsøgte at skabe sig en udvej, ved simpelthen at knække sin bærbare computer i to dele. Simone kiggede anspændt afventende op. Magtede ikke den konflikt, der nu ville komme. *Hvorfor har Storm så travlt med at leve op til lave forventninger til ham selv?*

Søs reagerede dog med knusende ro og præsenterede ham for en printet version af opgaven, samt blyant og linjeret papir til at løse opgaven på. Storm var ikke glad for den løsning.

Simone blev distraheret af uroen og ville trods alt gerne hjælpe Storm. Når hendes mor var ked af det, havde Simone været vant til, at det var forventet, at hun stillede sig til rådighed og hjalp til. Simone begyndte at vende sig mod Storm. Bo nærmede sig hurtigt og signalerede til Simone, at han nok skulle tage over.

At undlade at hjælpe Storm føltes forkert, egoistisk. *Vil de så stadig kunne lide mig?* Alligevel fulgte Simone Bos anvisning og prøvede atter at samle sit fokus om sin egen terminsprøve.

"Jeg tror altså ikke at jeg kan det her, Bo!" – sagde Simone med lav stemme.

Bo var der hurtigt: "Opgaven eller ...?

Simone viskede tilbage: "Nej, det her. Det er for meget. Prøver. Det er håbløst"

Bo tog øjenkontakt og sagde fast uden diskussionsrum: "Jo du kan.

Jeg støtter dig i det."

Simone kunne på ingen måde være enig. Hun kunne med en seismografs præcision opfange følelsesmæssige svingninger i et lokale.

Hun havde så ofte lyttet efter morens gang efter en lur. Måden hun tog i dørhåndtaget, fodtrinenes lyd mod gulvet. Simone kunne med stor nøjagtighed vurdere, hvad den rette indsats ville være. Punkt ét: Rejse sig fra mors faste plads i sofaen. Skulle hun dernæst fordufte lydløst eller tilbyde at lave kaffe? Som en usagt regel skulle Simone ikke tilbyde en øl fra køleskabet. Moren foretrak selv at tage den. Nogle gange en snaps inden øllen. Når man havde antennerne rettet mod stemningen i et rum, var det altså udfordrende at sikre korrekt brug af bøjningsformer i en retskrivningsprøve. Bo lagde en hånd på hendes skulder og gav Simone muligheden for en lufter udenfor. Derude rystede Simone de sitrende følelser af sig. *Jeg vil fri af det gamle.* Bo kiggede spørgende på Simone og formulerede lydløst: *Er du Okay Simone*? Hun klistrede et smil på, vendte sig og gik målrettet ind i klassen igen.

Da først Simone lykkedes med at koncentrere sig, følte hun sig som en flittig Hermione, med næsen lykkeligt begravet i skolearbejdet. Dagene fløj afsted og engelsk afløste matematik, som afløste de fire prøver i dansk. Det her var Simones hjemmebane – skolefagligt arbejde. Hvis først hun kunne krænge rygsækken af bekymringer og overtænkeri af sig, så fik hun nyvundne kræfter. Simone gjorde sit ypperste for at præstere godt. Bo havde vittigt undervejs sagt til Simone: "Vi kan altså godt lide dig, selvom du ikke får 12."

Søs roste Simones indsats under alle ugens terminsprøver:

"For det første: Sådan nogle prøver, er jo ikke sandhedsinstrumenter".

Søs insisterede på øjenkontakt: "For det andet: Hvor bliver jeg stolt af dig, når du sådan samler dit fokus. Det kan være en udfordring for alle at komme ud af sig selv og sine tanker"

Efter ugen med terminsprøver, var Simone og hendes klassekammerater udtrættet og Søs besluttede derfor, at hun ville forkæle klassen med at strække klassens time, for at bage boller og hygge lidt om eleverne.

Terminsprøverne og klassens time var en noget anderledes uge, og Simone overvejede at ringe til sine forældre og fortælle om det. Men lod alligevel være. Simone kæmpede stadig en stille kamp.

23. SANDSLOTTET – ERFARINGER I RYGSÆKKEN

Næppe havde Lejlighedens elever overvundet det flerhovede monster: Terminsprøver, førend den næste udfordring bankede på. Bogstaveligt talt.

Nogle dage senere bankede uddannelsesvejlederen på klassens dør og brugte den dag på at kortlægge mulighederne for ungdomsuddannelse for eleverne. Tore var hurtig på aftrækkeren og erklærede, at han skulle have sit eget diskotek, og Storm skulle overtage sin fars værksted engang.

Simone misundte deres tydelige retning på tingene, for når man går frem mod noget, så har man også muligheden for at lægge noget bag sig. I samarbejde med Bo fik Simone udfyldt et ark omhandlende ens styrker. En anden elev fra klassen skulle skrive, hvorledes han så hende. Simone blev lidt bekymret, da uddannelsesvejlederen udvalgte Storm. Han skrev dog: "Åmsårvsful, sjåv, klåv" hvilket gjorde Simone lidt flov over sin forudindtagede bekymring. Hun vendte sig om og søgte spørgende øjenkontakt med ham, men Storm så væk.

Ved samarbejdet med Bo nåede Simone selv frem til, at hun gerne ville arbejde med mennesker.

Bo støttede hende: "Det er stadig meget bredt. Men det her er lige så meget en øvelse i se fremad og give lidt plads til drømmene – de håb man har for fremtiden"

Simone rynkede brynene: " ...Det er længe siden ..."

Bo svarede: "Jamen, nu træner vi det lige lidt – jeg hjælper dig!"

Uddannelsesvejlederen havde assisteret med forslag og online guides, men retningen var stadig meget bred; "Mennesker". Simone gik alligevel opløftet hjem efter skole. På vejen hilste hun smilende på en pædagog som af og til var vikar på afdelingen. Pædagogen hilste lidt overrasket igen. Simone bemærkede dette og undrede sig – havde hendes smil og imødekommenhed været pakket ned og væk så længe, at godt humør vækkede overraskelse?

Da scenariet genspilledes i fælleskøkkenet med Pia, stod det klarere for Simone, hvordan den sidste svære periode måtte have set ud for andre:

"Pia, kan vi lige tale sammen?"

De gik ind på kontoret, og Simone lagde ud: "Jeg ved ikke hvordan jeg kommer videre herfra. Jeg sidder fast".

Pia var ikke helt sikker på, hvad Simone mente: "Kan du uddybe det lidt?"

Simone forklarede om situationen, hvor en vikar tydeligt havde undret sig over smil og imødekommenhed hos Simone: "Hvorfor gjorde han det?"

Pia bekræftede Simones bange anelse: "Du har jo haft det svært – med samværet og sådan ..."

Simone tog nu en chance: "Vil I godt hjælpe mig? Til ikke at sidde fast mere?"

Pia reagerede ordløst, lænede sig frem og krammede Simone. Et stort fedt neonskilt, "JA", lyste nærmest op over Pia.

Simone fortsatte de håbefulde skridt: "Kan I hjælpe mig med at få en praktikplads – noget med mennesker?"

Ved aftensmadsbordet lagde Pia Simones idé på bordet, og Vilja var fluks fremme med en idé: Du kan da komme i praktik hos Børnehaven Sandslottet – ligesom mig".

Simone blev lidt skræmt ved det meget håndgribelige forslag: "Jamen, jeg ved da ikke, om jeg kan finde ud af dét?"

Vilja svarede friskt tilbage: "Der er jo kun én måde, hvor du kan finde ud af dét på".

Pia støttede op om Viljas forslag, men Simone blev nu stille, håndfladerne blev fugtige, sveden brød frem, hun gjorde sig lille i verden: "Jeg er ik helt sikker – hvad nu hvis jeg er helt håbløs til det".

Pia gjorde nu sin stemme lavere og blødere – lidt ligesom hvis hun skulle lokke en skræmt dyreunge: "Du kan meget mere, end du selv tror", hvorefter hun klemte den varme hånd rundt om Simones noget mindre hånd.

Få dage efter var praktikpladsen i hus, hvilket var spændende og nervepirrende. Vilja var gavmild med sine gode fif og fiduser, hvilket dulmede usikkerheden hos Simone. I en erhvervspraktik fik man mulighed for at prøve at være på en arbejdsplads; Møde til tiden, indgå aftaler, løse opgaver osv. Praktikugen rummede også venlige voksne, bussemænd og bleer, leg og læring. Og pinlige stunder: En lille pige genkendte Simone. Pigens familie var flyttet fra Simone gamle by til Tisvilde, og da pigen blev afhentet den eftermiddag, havde Simone lyst til at kravle i et musehul:

"Hej Simone, sikke en overraskelse at se dig her?"

"Jeg er bare i praktik ..." Simone havde ikke lyst til at uddybe døgnanbringelsen, specialskolen, tavsheden på linjen i forhold til forældrene ...Hun skyndte sig derfor at fortælle om den lille piges leg ude i sandkassen den dag. Moren lod sig ikke mærke med noget.

Simone havde i løbet af dagen opdaget, at det var en styrke, at hun hurtigt kunne opsnappe stemninger og humørskift i børnegruppen. Andre steder havde det føltes som belastende overarbejde, men i børnehaven var det en velset superkraft. Simone kunne også næsten flyve, da hun gik hjem den dag.

"Kan vi ikke ringe til dem sammen? Simone havde på den korte vej fra børnehaven til afdelingen besluttet at ringe til forældrene.

Nu sad Pia med røret i hånden og et spørgende blik: "Er du sikker?"

"Ja!" hørte Simone sin stemme sige.

Efter nogle indledende høflighedsfraser rakte Pia røret til Simone. Simone tog tøvende i mod, prøvede at finde stemmen, rømmede sig: "Far?"

"Sisi?" Ved lyden af sin fars stemme brast en modstand inden i Simone. Hun fik våde øjne, og lukkede dem i, for bare at lytte. "Sisi er det virkelig dig, min pige?". Hun kunne høre, at også farens stemme bævede lidt.

"Jeg har været i praktik. Hos en børnehave. Som pædagog. Ved Sandslottet." Det hele kom lidt hakkende og kantet. Men Simone syntes, at det var rart at kunne fortælle faren en god nyhed, så han kunne blive glad. Pia sendte hende en thumbs up og forlod kontoret.

Samtalen blev ikke så lang, men det gjorde ikke noget. Simone var helt på det rene med, at tiden ikke læger alle sår. Men nu var hun ikke længere fastfrosset, indespærret i sig selv. Og måske kunne de indre ar heles lidt bedre? Det var som om praktik og Storms tre ord, havde afstedkommet et skifte i Simones indre årstider. *Hvor var det rart at høre fars stemme.* Simone kunne for sit indre blik se hans hånd for sig, og hvordan den holdt om avisens kant. Hun kunne næsten mærke følelsen af hans hår. Dufte skjorten, når hun sad tæt puttet ind til ham i sofaen.

Efter lige at have samlet sig, gik Simone ud i køkkenet, hvor Pia stod. Pia mønstrede lynhurtigt Simone og bredte armene ud. Simone tillod sig at blive lille og kravlede ind i favnen på Pia.

"Tror du, at jeg kan mødes med far? Altså KUN ham? Simone havde det sådan, at i den bedste af alle verdner, så kunne hun være sammen med hele sin familie igen. Efter at have hørt fars stemme, så savnede hun dem. Men hun var bange for at miste fodfæstet for alvor, hvis nu ...

"Det finder jeg en løsning på" sagde Pia med fast stemme og forsvandt ind på kontoret. Imens stod Simone ved vinduet og pillede uroligt ved en snor til gardinet.

Da Pia atter kom ud, præsenterede hun en idé: "Jeg foreslår; at du først mødes med din far på Café Sef i Helsinge. Jeg har lavet en aftale for dig i morgen inden din svømning. Så er der en bagkant på".

Det gippede kildrende i maven på Simone. Hun ville så gerne kunne være sammen med sin familie på en god måde – finde en ny retning for sin tilværelse, selvom hun til tider tyngedes af svære erfaringer i rygsækken.

24. CAFÉ SEF – MÅSKE ER DER HÅB?

Skoledagen havde været temmelig ufokuseret for Simone den dag, fordi hun var spændt på at skulle gense sin far. Hun havde fulgtes med Phillip i Lokaltoget fra Godhavn Station til Helsinge, og havde der betroet sig til ham om, at hun altså var ret spændt på mødet.

"Ja, forældre kan både være det bedste og det værste" havde Phillip svaret. "Men du har i det mindste din bio-far og ikke kun din mors kæreste".

Dét havde sat tingene lidt i perspektiv for Simone, og hun erkendte, at hun jo bare måtte få det bedste ud af det sæt forældre, som hun havde fået.

Derfor gik hun ind ad døren på cafe Sef med et prøvende smil om læben. Hendes far var der ikke. Han var ikke kommet! Simone så sig atter omkring i lokalet. *Niks. Ingen far.* Simone sænkede hovedet og lod pandehåret skærme lidt, idet hun satte sig yderst på en stol. En venligt udseende mand kom hen og ville tage imod hendes bestilling, og hun spurgte om hun måtte vente lidt? Gårsdagens kildrende fornemmelse i maven, blev til en tung fastlåst knude. *Han er sikkert blevet forhindret ...* Det at faren ikke var der som aftalt igangsatte en bølge af gammelkendte følelser; svigt, angst, agtpågivenhed for det næste der måtte ske ...

Simone strøg hænderne igennem håret og rettede på jakken. Foldede armene omkring kroppen. Fandt mobilen frem fra lommen, for at aflede de ubehagelige tanker. Der var en besked: "Jeg er på vej." De ord var særdeles velkomne for Simone og hun satte sig lidt længere ind på stolen, men beholdt jakken på.

Døren fløj op og ind kom hendes far stormende, og han fik straks øje på hende. Han satte sig ned over for hende og placerede en pose på nabostolen. Han tog jakken af ,og Simone gjorde det samme.

"Åh SiSi" sagde faren, rakte armene frem, men tog sig selv i det. Tøvede, og spurgte derpå: "Må jeg?" og greb hendes hænder.

Simone lod ham gøre det. Perioden hertil havde været så tung, svær og uden håb. Hun havde dog evnen til at søge op – som en prop i vandet. Situationen var dog lidt akavet, så det var en velkommen afbrydelse, da caféejeren kom hen og tog imod deres bestilling: Varm kakao med flødeskum.

"Den unge kvinde her, vil gerne have skumfiduser på også – er det muligt?" Sagde faren til slut.

Simone smilede ad farens forespørgsel – Hun elskede skumfiduser, men hun havde selv syntes, at det var lidt barnligt at bede om.

"Jeg har noget til dig" sagde faren, mens han spændt rakte posen over til Simone.

Simone åbnede og blev helt rød i kinderne ved synet af indholdet: "Arj, det er for vildt – en ny svømmedragt?"

"Måske trængte du til en ny? – det var derfor jeg var forsinket", sagde han med prøvende stemme.

"Jeg vil tage den på til svømning i dag" sagde hun begejstret, rejste sig spontant op for at takke sin far med et knus. Det blev kort, for Simone havde egentlig ikke planlagt at lade sin far komme så tæt på, så hurtigt. Men lige i øjeblikket havde det føltes rigtigt. Faren så også lidt overrumplet ud: "Ja, du fik jo ikke julegave, så jeg håbede ..."

For at undgå dén snak, skyndte Simone sig at sige: "Tak" og holdt dragten op foran sig mens hun beundrede den: "Jeg tror, at det er en rigtig god model". Men ved du, at jeg er holdt op som konkurrence-svømmer? Jeg svømmer bare på Teen Swim nu. Jeg har nok at se til, med at holde min have ..."

"Din have?" spurgte faren undrende.

Simone viftede bare afværgende leende med hånden: "Bare en talemåde."

Kakaoen kom og Simone hyggede sig med at spise skumfiduserne først. Faren fortalte lidt løst og fast om arbejde, indtil han afbrød sig selv: "Din søster har fået en aflastningsfamilie."

Simone følte, at det både var på tide og ganske rimeligt.

Faren rømmede sig og fortsatte:" Vi ...Jeg ... har gjort dig ondt. Og det her ..." Her slog faren ud med hænderne " ... som har gjort virkelig ondt på dig – det har jeg gjort. Det er også mig. Kan du nogensinde tilgive mig?"

Simone blev overvældet af farens ærlighed. "Far, det er som om jeg har siddet på bilens bagsæde og observeret højre og venstre altid. Det er på tide, at jeg indtager førersædet ...." Hun fik flashback til den ferie-proppede bil, som hun for måneder siden havde set på tankstationenen ... Hun holdt inde og gav plads til at mærke lidt efter: "Du må vente på mit svar – jeg ved det simpelthen ikke lige nu, lige her"

Faren reagerede ved skamfuldt at sænke blikket, og Simone prøvede at redde situationen ved at sige:

"Jeg glæder mig til at prøve svømmedragten til træning."

Deres besøg på cafe Sef blev rundet af med et akavet håndtryk, og Simone var lettet over at skulle til svømning, hvor klorvandet ville skylde den anspændte følelse af.

Omklædt med klorduft i næsen og i gang med sit første svømmepas, kunne hun hurtigt mærke de gentagende svømmetags meditative indvirkning på hendes krop.

Efter endt træning lyste en SMS-besked op fra Simones far: "Kære SiSi. Jeg håber, at dragten var god? Knus fra Far"

Simone ventede lidt med at svare, pakkede lige færdig og begyndte at gå mod bussen – men skrev så:

"Jo tak. Den var super. Tak for kakao i dag".

I den lange periode uden kontakt med familien havde Simone slet ikke turde håbe på, at det kunne lade sig gøre at fikse båndene med familien, på en måde, hvor Simone ikke skulle gå for meget på kompromis med sig selv. Simone var lidt stolt af sig selv. Hun havde i forhold til den SMS lige taget sig tid til at mærke efter. Måske er der håb?

25. VINTERBADNING – BEDSTE FÆLLESSKAB

Næste morgen vågnede Simone tidligt. Der havde lydt et stort brag inde ved siden af. Nu sad hun i sengen og prøvede at finde ud af, hvad der var på færde. Hun gned øjnene og fandt telefonen, men tabte den i et nu, da endnu et højt brag fik hele huset til at vibrere.

I kan RENDE MIG! – Råbte en stemme vredt.

Hun gik hen, åbnede døren på klem og kiggede ud. I det øjeblik kom Phillip trampende hen ad gangen, fik øje på Simone og tabte det håndklæde, som han havde om livet.

Phillip stod i et nu nøgen, og baksede desperat, altimens Simone reagerede med et fnisende grynt og smækkede sin dør i.

Simone smilede kort, men kunne mærke, at det sitrede inden i, efter den bratte opvågnen og utryghed over først ikke at vide, hvad det drejede sig om. Gyda stak hovedet grinende ind ad døren og spurgte: ”Hvad gjorde du ved Phillip?” Simone trak på skuldrene, men holdt det for sig selv.

Gyda rystede på hovedet: ”Han glemte helt at være sur over, at han var løbet tør for både shampoo og toiletpapir på sit badeværelse. Ja, nogle gange kan en morgen osse føles bakset og bøvlet.”

Ude ved morgenbordet undveg Phillip øjenkontakt med Simone og fokuserede meget målrettet på sin morgenmad. Simone prøvede at skjule smilet, ved at lade pandehåret hænge ned.

Gyda sad med ved bordet og nærmest krammede sin kop kaffe: ”Jeg så, at du havde hængt dit svømmetøj til tørring – godt! Du skal jo have det med i skole i dag.”

Da dæmrede det for Simone, og hun slog sig klask på sin pande. Dette fik Phillip til at se hen mod hende.

Simone måtte så sige grunden: ”Vi skal vinterbade. Søs er sindssyg!”

Nu var det Phillips tur til at smile og grine lidt ad Simone: ”Du går da ellers for at være husets største vandhund?”, hvorefter han storgrinede.

Søs havde nogle dage forinden informeret klassen: "I var så seje med terminsprøverne. I klarede det utroligt godt i dén svære uge. Her i klassen har vi en tradition efter terminsprøverne: Vinterbadning."

Lejlighedens elever havde sukket kollektivt ved Søs' idé. Og nu var dagens altså kommet. Bo, Søs og alle elever skulle deltage.

Simone og de andre fra klassen ankom til stranden ved molen i Tisvildeleje med Godhavns biler og stod nu rystende på stranden. Simone sikrede sig endnu engang diskret, at de små hvide ar øverst på inderlåret var skjult. Hun var led og ked af, at hun så ofte fandt noget at være bange for hos enhver og alle steder. Det var tydeligt, at flere af eleverne oplevede at maven knugede sig af nervøsitet og hjerterne bankede lidt ekstra af spænding. Der var fnis og latter blandt alle deltagere, og Simone kunne ikke lade være med at smile lidt for sig selv, som de stod der indhyllet i håndklæder i den friske luft. Søs tog ordet og forklarede med et glimt i øjet, hvordan vinterbadning kunne være en måde at udfordre sig selv på og skabe gode minder sammen.

Simone så sig omkring og fik øjenkontakt med Tore – der opstod en stille beslutsomhed imellem dem. De ville gøre det sammen. Men så drønede Storm uhæmmet ud i vandet og smed sig bare. Det fik Tore i gear, og han løb med. Nu stod der kun få tilbage, og Simone hankede op i sig selv og gik prøvende ud i vandet. Det skar ind i huden, på grund af det kun 5 grader kolde vand. Men hun ville ikke stå tilbage for de andre. Hun fulgtes ud i vandet med Bo. Hun tog dog ikke hovedet under og hvinede højt, da Tore overstadigt sprøjtede vand efter hende. Latteren rungede igennem luften, og dét der før virkede umuligt, var blevet muligt. En lille test af deres mod. En bølge af tilfredshed greb dem.

Dét her ville Lejlighedens elever i hvert fald huske. De havde sammen overvundet noget uventet. Simone oplevede et stort selvtillidsboost ved at gennemføre. Hun gav high-five til Tore og Bo.

Tilbage i klasselokalet hyggede de, ved at putte sig i tæpper og drikke varm kakao.

"Hvor er I seje!" sagde Søs.

Bo stemte i: "Ja, Godt klaret. I er bare det bedste fællesskab.

26. HJEM PÅ NY – FINDE SKATTEN

Simone var opløftet af skoledagens indhold og var glad, da hun kom tilbage på afdelingen. Pia greb hende ved ankomst og inviterede på te-hygge inde på kontoret. Simone var straks ekstra agtpågivende og prøvede at regne ud, hvad den strategi gik ud på.

Inde på kontoret sad Simone nu og pustede ned i sin te, mens blikket agtsomt tog rummet ind – afventede. Pia formulerede nu omhyggeligt:

"Jeg har talt med din far" – allerede her satte Simone koppen fra sig, og hendes hænder greb om armlænene.

"Din far vil gerne prøve at have dig hjem på samvær, og jeg synes, som din kontaktpædagog, at det er en god idé".

Simone rejste sig, men vidste ikke rigtigt, hvad hun skulle gøre derfra.

"Din far vil så sørge for, at din søster er hos aflastningsfamilien. Det skal kun være én dag sammen med din mor og far. Ingen overnatning. Med en aktivitet DU vælger"

Simone stod fastfrosset og lod ordene bundfælde sig. Det havde været rart på cafeen, men var hun klar?

Pia var overbevisende i sin argumentation og således blev det: Simone skulle på samvær. En dag derhjemme. Hos far og mor. Selv vælge aktivitet.

Det var helt klart en fordel, at det var en af de kommende dage, så Simone fik ikke så mange dage til at spekulere, udtænke scenarier og bekymre sig om udfaldet.

Tilbage på værelset sad Simone og betragtede sit spejlbillede. Hendes hjerte bankede hurtigere end normalt, men der var også en lille spirende følelse af spænding under nervøsiteten. Det var skræmmende, men også forfriskende med en mulighed for at vælge sin egen aktivitet, for at tage kontrol over det, hun ønskede at opleve. Der lå måske en god chance i dette? Simone overvejede, hvordan hun engang nød at tage ud i naturen.

Weekenden oprandt, og mens Simone samlede sin taske, mindede hun sig selv om, at det at være nervøs, er en del af at være menneske. At kunne træde ind i det ukendte, og at have styrken til at overvinde det. Pia stod parat ude i gangen, og skulle køre Simone hjem. I bilen påbegyndte Pia en samtale om vinterbadningen, men kunne hurtigt fornemme at Simone, lige nu, ikke havde sit fokus med i samtalen.

Da de ankom hjemme ved Simones forældre, stod moren i køkkenvinduet og vinkede. Simone løftede undrende hånden til hilsen. Hun var ikke vant til sådan en velkomst.

Simone skulle ikke tage overtøjet af, idet de skulle køre med det samme: Pia havde fortalt forældrene, at Simone gerne ville gå en tur ved stranden.

Det var en spøjs blanding af modsatrettede følelser at gå her med mor og far på hver sin side: Trygt og akavet, nyt og gammelt, opløftende og trist.

Hendes far samlede en sten og slog smut med den. Det havde han altid været god til, og var det åbenbart stadig. Simone forsøgte også med en sten, som faren fandt til hende, men det endte bare med et plop. De grinede af det klumpede forsøg. Simone fortalte om klassens vinterbadning forleden, og hun grinede, da hun berettede om de høje hvin og skrig, som eleverne havde udbrudt. Simone tav pludselig, da hun så sin mors blik. Mor havde tårer i øjnene.

"Simone, det er helt fantastisk at høre dig grine igen" sagde hun.

Simone kunne se, at hendes mor var rørt, så hun skyndte sig at kigge væk, samlede endnu en sten op og kastede den. Plop-plop.

"Yeah – du gjorde det" råbte hendes far lidt for entusiastisk og klappede Simone henrykt på ryggen. "Du ku'!"

Ringene i vandet bredte sig tyst, og de stod lidt alle tre og betragtede havet.

Mor brød stilheden og sagde med lille stemme nogle tydeligt indøvede ord: "Alle børn fortjener, at de kan regne med deres forældre – vi har ikke altid været gode nok til at være der for dig"

Simone kunne næsten ikke rumme de ord, og lod som om hun ledte efter en god smutsten. "Men det er rart, det her" indrømmede Simone. "Er min søster OK?"

"Ja, det er en god aflastningsfamilie kommunen har fundet".

Simone ville egentlig gerne spørge mere ind, men fravalgte det, selvom det føltes lidt egoistisk. *I dag er min dag. Jeg må have styr på min egen have ...*

"Pia fortalte os om dit valg af aktivitet" forklarede faren – "Og det her plejede vi jo også engang at gøre ofte".

De gik en lang tur langs stranden den dag, og Simone følte sig styrket ved at hendes behov var kommet i centrum.

Simone fortalte om de unge, som hun nu boede sammen med, samt om nogle af klassekammeraterne. Forældrene gjorde deres bedste for at spørge ind til Simones nye hverdag. "Har du fået en ven?"

"Jeg har vel egentlig fået flere" svarede Simone, men tænkte især på Tore, Phillip og Vilja.

"Hvordan går det i skolen?"

Simone lod lige tankerne kredse omkring hverdagen i Lejligheden og svarede: "Jeg synes, at det går godt. De fleste er okay-søde. Søs er efter os, så klassen lærer noget, og Bo hjælper, hvis jeg har det svært."

Da Simone kom tilbage på afdelingen efter samværet, lå der noget på hendes seng ved siden af Bamsen Bambi: en pose. Simone åbnede den og kiggede ned i det. Der lå de gule bukser fra shoppingturen med mor, perlepladen formet som en blomst fra hendes søster, den lyserøde vase, familiefotografiet. Simone blev glad ved synet af tingene, fordi hun egentlig havde fortrudt, at hun havde smidt tingene ud, men dengang havde hun bare brug for at skabe afstand.

Det bankede på døren: En farverig eksplosion af hår tittede ind ad en smal sprække – Vilja sagde: "Jeg hørte, at du skulle på samvær i dag – er det gået okay?"

"Ja, det synes jeg faktisk ...Min mor sagde undskyld, på sin egen måde"

"What? – det er da vildt nok. Kunne du tage imod det?"

Simone trak på skuldrene, smilede til Vilja og lod sig falde bagover i sengen.

Vilja hoppede ind ad døren, drønede hen og gav Simone en high-five og listede så ud ad døren igen.

Simone trak posen hen til sig. Hun følte sig døsig efter den friske luft. Ordene fra mor. Det var ligesom, når man i en skattejagt lykkes med at finde skatten.

27. BO FJERNES – TILBAGEFALD.

Næste dag, da Simone ankom til Lejligheden, ville Simone fortælle Bo og Søs om turen med far og mor. Så da de kom ned til Simones bord, åbnede hun munden for at fortælle ...De inviterede dog Simone ind i et bi-lokale, og Simone undrede sig over, at de gjorde så meget ud af det.

"Vi vil gerne tale med dig om noget" meddelte Bo og satte sig i sofaens ene ende. Søs blev stående.

Simone rynkede panden, og satte sig ned i sofaen: "Hva' så – I virker så alvorlige?"

"Jeg har fået en anden opgave, og skal ikke længere være din støtte her i skolen" fastslog Bo.

Ved de knoprede ord hævede Simone vantro øjenbrynene og så forundret på begge de voksne. Søs satte sig nu på hug og tog Simones hånd:

"Det er blevet besluttet, at du er parat til at være uden Bo som støtte – det går jo så godt"

Simone tog sin hånd til sig og kiggede direkte på Bo: "Gider du ikke være sammen med mig mere?" spurgte Simone med en usikker stemme. Bo var blevet vigtig for hende, og nu skred han bare? Hvordan skulle hun kunne have styr på hverdagen uden ham?

"Jo da – det er slet ikke noget med dét at gøre" svarede Bo.

Simone var dog slet ikke parat til at tage imod flere ord. Hun markerede dette ved at folde sig sammen om sig selv og presse neglene meget hårdt ind i armenes bløde hud.

I et forsøg på at hjælpe, sagde Bo med trøstende stemme: "Kom lad os gå en tur. Vi kan tage Godhavnsrunden sammen".

Simone vrængede først ad ham med himlende øjne inde bag pandehåret, men gik med, som var hun i en døs. Hun gik hen over skolegården sammen med Bo, men da de nåede stien, drejede Simone sin egen vej og gik over på sit værelse på bo-afdelingen. Hun vidste, at Bo fulgte med, men hun var så skuffet over, at han bare skred. Bare fordi det havde gået OK i nogen tid, så fjernede man bare sikkerhedsnettet under hende og lod hende i stikken?

Simone smækkede værelsesdøren hårdt i, og lod Bo stå i gangen. Men så kom Gyda ind, og Simone råbte: "SKRIIIID! Det gør I jo alligevel!"

Uventet var dette blevet til en lortedag, hvor livet satte barren højt. Simone var totalt usikker på, hvordan i al verden hun skulle klare sig.

Hun blev overvældet af en følelseslavine.

Simone havde nogle gamle strategier på lager, til at håndterer den slags – til at klare en lavine, drevet af angst. Angst for det uforudsigelige og ukontrollerede. Simone åbnede en skuffe og ledte efter noget velegnet. Noget skarpt. Hun smækkede den irriteret i, da døren atter gik op, og Bo kom ind. Han ville tale, men det orkede Simone slet ikke lige nu.

Simone greb sine nøgler, løb ud af værelset og videre ud ad hoveddøren. Hun sænkede kort tøvende hastigheden ved Snaffi, men fortsatte væk.

Hun løb. Rytmiske tramp i gruset. Tempo. Løbe. Bare løbe. Væk.
Fremmede sommerhuse. Hilsende ældre. Ukendte veje.

Til sidst mørkt, blåt hav. Bølger. Dér standsede hun stakåndet med pulsen dunkende.

Simone tog sin værelsesnøgle, frem. Vægtede den i hånden, lod lyset glimte i den kradsende skarpe kant. *Den kunne godt bruges ...* Hun trak ærmet op.

Skræmt trak hun dog armen bagud og slyngede nøglen langt ud i vandet.

Sank udmattet sammen i sandet. Livet havde malet hende op i en krog. *Det ville have været så nemt.* Men det var en lille sejr, at nøglen, med al sin skønne skarphed, var slynget bort. Simone hankede op i sig selv og begyndte hjemturen. Det gik hurtigt, fordi Simone nu kendte retningen.

I køkkenet blev hun mødt af Gyda. Simone var flov over, hvor tæt på det havde været og gik delvist bekendelse: "Jeg har mistet min nøgle"

"Jamen, lille pus da" og så lukkede Gydas varme, bløde arme sig om Simones smalle skuldre. Simone opgav at maskere sin følelser og lænede sig ind i favntaget. Hun mumlede derinde: "Bo skal væk."

"Jeg ved det, men du er jo ikke alene af dén grund"

Og Simone rystede på hovedet – stadig indhyllet i Gydas arme.

Efter nogen tid løsrev Simone sig. Hun følte, at hun havde fået nok styr på sig selv til at betro sig til Gyda: "Jeg ville bruge nøglen til ...Men jeg gjorde det ik".

Gyda kiggede insisterende Simone i øjnene: "Godt min pige – det er jo et skridt i den rigtige retning – ik' tilbagefald".

28. STÅ SELV – DU ER VIGTIG

Bo hentede Simone næste dag og fulgte hende i skole. Han ville gerne forklare situationen og forsikre Simone om, at det bestemt ikke var, fordi han havde fravalgt Simone. Da Simone hørte ham tale om hendes "øgede selvstændighed" og "tillid til egne evner" havde hun svært ved at tro på ham.

Pædagogagtigt ævl, sukkede hun for sig selv.

I Lejligheden havde Tore også hørt, at Bo skulle forlade klassen. Klassisk Tore, så udnyttede han situationen positivt og udbrød grinende til Bo: "Giver du så ik en omgang?"

Bo lo og medgav: "Jo, jeg vil gerne give Lejlighedens elever en omgang … Flødeboller!"

Skoledagen gik, og allerede nu valgte Bo at holde sig lidt mere på afstand. Da Simone bad om hjælp til noget i matematik, opfordrede Bo hende til selv at give det et skud mere. Og til Simones forundring lykkedes det hende faktisk selvstændigt at løse opgaven.

Der opstod en situation, hvor Storm larmende protesterede mod lektionens indhold, og Simone sagde med helt almindelig stemme: "Vær sød at dæmpe dig – jeg prøver at koncentrere mig".

"Ja, det gør jeg sgu osse" istemte Tore engleagtigt, med en lille kant af ironi.

I et kort nu var Søs holdt inde med sin undervisning, og Storm blev ganske paf og tav. Simone rødmede over sin egen direkte facon. *Hvor pinligt.* Hun måtte dog smile lidt og kvæle et fnis, da Tore sendte hende et anerkendende blik. Støtte findes i mange former.

Simone var dog ikke klar til at tilgive Bo så let. Så da han senere den dag ville følge Simone tilbage på afdelingen, afslog Simone.

Da Simone passerede Godhavn station, ankom Vilja og Phillip netop med toget: "Hey Simone!" udbrød de to i kor. Simone smilede for sig selv, da hun så, at Phillip greb Viljas hånd, da de alle tre fulgtes over mod afdelingen.

Phillip fortalte sejrstolt: "Jeg skal flytte i Netværket, beslutningen er truffet".

Simone udbrød: "Arj, hvor fedt" og gav ham high five. "Hvornår?"

"Jeg har ventet totalt længe. Men endelig får jeg mit eget sted"

Phillip følte sig lettet over de nye muligheder, fordi han havde mærket det som om, at han havde opholdt sig i et fiktivt, indbildt venteværelse, hvor tiden bare stod stille, imens der foregik udredninger, beslutninger, godkendelser og andre ting, der kan have stor indflydelse på det videre forløb.

"Det er så fedt, endelig at komme videre".

De blev enige om at fejre det på afdelingen. I fællesskab gik de på rov i køkkenets skabe, men uden større succes. Men Gyda bød hurtigt ind med at bage en kage, og snart sad de alle rundt om det fælles spisebord, på de mangefarvede stole. Vilja havde stået for kagens multifarvede glasur i et marmoragtigt mønster.

Phillip spurgte ind til Simone. Hun hæftede sig ved, at han på en eller anden måde allerede lød en lille smule mere voksen. Hun trak på skuldrene. Hun ønskede ikke at komme ind på det med Bo. Det skulle ikke have lov til at fylde alt for meget.

Simone havde, efter en snak med Gyda, indset at hendes spontane løbetur på områdets veje, mindede lidt om svømningens helende kraft, hvor de gentagende bevægelser medvirkede til at genfinde ro i kroppen. Det med nøglen havde skræmt Simone. Hun ønskede ikke at være sådan længere, men vidste også godt, at det nok kom til at kræve lidt hjælp, hvis hun helt skulle lægge den slags bag sig. Gyda havde dog mindet hende om, at hun faktisk, på egen hånd, havde truffet den gode beslutning, ved netop at skille sig af med nøglen.

Gyda havde omtalt nogle mindfulness-teknikker, der havde gjort Simone så tilpas nysgerrig, at hun faktisk bagefter på værelset havde googlet sig til en guidet meditation på mobilen. Næste gang skulle det bare være uden de der irriterende regnskovslyde. Man skulle bl.a. gentage nogle positive sætninger til sig selv. Og Simone havde valgt nogle ord, som hendes mor havde sagt ved putning, dengang hun var lille:

Du er sød.
Du er klog
Du er vigtig.

29. MOD HÅB – GRUNDLÆGGENDE GODT

Hverdag. Skoledag. Det vrimlede med regler, men der var ingen manual. Alligevel lykkedes det Simone at håndtere hverdagen. Nogle klassekammerater, bl.a. Tore, skulle op til afgangsprøve, og der blev arbejdet hen mod dette.

Tore udbrød med et skævt smil: "Hvad nu hvis jeg bare pander censor en? Altså det er jo nærmest en service – så er deres arbejdsdag hurtigt overstået!?" Tore tilføjede: "De burde tage dig i stedet – du er sgu så flittig!"

Simone gøs påtaget, men var faktisk lettet over, at det endnu ikke var hendes tur: "For mig, er der ret kort fra bekymring til angst. Hva' ku' jeg mon ik' nå at finde på?"

Simone tilbød sin hjælp med eksamenslæsning til Tore og han reagerede positivt: "Gider du virkelig det? Nice!"

På den måde gik de sidste skoleuger frem mod sommerferien. Tore fik god hjælp af Søs, men var glad for den ekstra hjælp fra Simone. Simone var glad for at kunne være til nytte. Tore var taknemmelig over at kunne låne noter af Simone, og Simone slog det hen. Men egentlig var hun stolt over at være så god i skolen.

Da Tore kom ud fra sin sidste eksamen, sagde han skraldgrinende: "Jeg bestod" – mere ville sgu ha' været ekstra arbejde!"

Godhavns traditionsrige sidste skoleuge rummede bl.a. rundboldkamp mellem børn og voksne. Storm slog med ihærdig kraft efter bolden, men tabte battet, hvorved det røg lige i hovedet på en voksen ude i marken.

Samme dag indeholdt frokost og is ved stranden i Tisvildeleje, hvor der også var tilbud om at bade. Søs fangede Simone inden de gik i vandet og sagde med et glimt i øjet: "Kan du huske dengang, du var på vej mod Sverige?"

Simone svarede kækt: "Jeg har husket pas denne gang" og gik ud i vandet. Tore havde grinet ved denne ordveksling og sprøjtede nu Simone til med vand. Hun gik leende til modangreb, men måtte give op og lod sig i stedet dykke ned under vandet. Solstråler glimtede ned igennem vandets overflade, og rundt om hende kunne hun se op på børn og voksne, der tumlede rundt mellem hinanden i munter leg.

Sidste skoledag oprandt. Dét, som havde fyldt mest for Simone, var tanken om, at hendes far ville komme op på skolen. Simone gik med klassen mod banen, hvor årets fodboldkamp mellem børn og voksne skulle foregå. Søs og Tore skulle spille med. På vejen passerede hun parkeringspladsen og bemærkede sin families bil. Hun sank en klump, rankede sig og spejdede efter sin far.

På modsatte side stod mor, far OG hendes søster. Alle sammen. De var her allerede. Simone gik i stå. Tore bumpede sin i hende bagfra: "Hov, der stod min hjælpelærer sgu da"

Simone lod sig føre med over vejen med klassen og nåede således over til græsplænen, hvor hun atter standsede. *Hvornår har vi sidst været samlet?*

Nu vendte hendes mor sig om og fik øje på Simone, hvorefter hun prikkede til de andre. Simone havde for en gangs skyld taget kjole på, og hun rettede nu på den.

Hendes søster gik frem. Simone scannede erfarent hele situation og sænkede skuldrene for en stund. Simone lod sig omfavne. Indsnusede søsterens velkendte duft og mærkede hendes hår kildre om næsen.

"Jeg håber, at det er okay, at jeg er her?" Der var skrøbelighed i stemmen, bemærkede Simone.

"Ja da" svarede Simone.

"Jeg ville bare være sikker. Det er jo DIN dag!"

"Mon ik vi finder ud af det sammen?" svarede Simone og prøvede at lyde imødekommende.

Forældrene kom nu hen til dem og efter de indledende hilsende ord, opstod en lidt akavet stemning. Den blev dog hurtigt afbrudt af forstanderens fløjt, som startede kampen. Det endte med, at Simone sad på de udbredte tæppet med familien til den ene side, og Vilja og Phillip til den anden side. Simone heppede på Tore frem for Søs.

Simone så til begge sider og tænkte for sig selv: *Sådan her kan jeg måske godt vende mig mod mere håb?*

Efter kampens afslutning forsvandt Tore. Tores plejeforældre var på besøg og undrede sig over Tores forsvinden og spurgte Simone:

"Ved du, hvor han kan være?" og Simone måtte desværre bare trække på skuldrene.

Kort efter dukkede han atter op. Nu iklædt sit flaskegrønne jakkesæt, som han havde båret på lejrskolen i Stettin. Tore var skudt godt i vejret i løbet af skoleåret, så buksebenene var kækt smøget lidt op. Han mimede, at jakken strammede over skuldrene, ved at vise at han ikke kunne strække armene foran sig. Tores plejeforældre rystede grinende på hovedet og lagde kærligt armene rundt om ham, hvorefter alle gik fra fodboldbanen mod skolegården.

Under solens stråler samledes alle omkring flagstangen i skolegårdens midte. Flaget smældede oppe i den høje flagstang mod en blå himmel. Simone mindedes dengang for et år siden, hvor hun havde trykket sig op mod muren, derhenne i hjørnet. Hvor hun for første gang havde set Tore, da han havde jublet overstadigt ad Phillip. Dét gentog sig, da Phillip modtog sit endelige afgangsbevis. Vilja sendte fingerkys.

Simone mærkede, at det var lettere i år. Nok både fordi hun havde prøvet det før, og fordi hun nu kendte folk. Hendes familie stod lige der. Selv hendes søster deltog på en dag, som var særlig for Simone. Hun kom i tanke om Pias ord for et år siden – det dér med den 8-årige og den 80-årige. Simone nikkede for sig selv. Hendes far så dette og lagde armen om hende.

"Simone?" Pia kom hen og puffede let til hende. Forstanderen havde allerede kaldt på Simone én gang.

Pia sagde insisterende: "Det er dig. Du skal op!"

"Årets skolepokal går til Simone fra Lejligheden".

Simone gik frem mod forstanderen.

"Simone, vi vil gerne overrække skolepokalen til dig, som et symbol på vores anerkendelse for din flotte indsats i dette skoleår. Du har flittigt og samvittighedsfuldt passet din skole. Hen over året har vi bemærket, at du arbejder grundigt med dine ting. Når noget er svært, så anstrenger du dig ekstra og overvinder udfordringerne. Og ikke nok med, at du kan gøre dette for dig selv individuelt, så byder du også aktivt ind i fællesskabet: Du har bl.a. støttet en klassekammerat i eksamenslæsning.

Stort tillykke skal du have herfra"

Den forsamlede menneskemængde klappede. Simone tog stolt imod pokalen og kortet med talen, hvorefter hun gik ned til sin familie. Det var overvældende. Tore kom hen og lykønskede hende larmende. Bo og Søs nikkede anerkendende til hende et stykke derfra.

Familien samledes med Simone som midtpunkt og beundrede pokalen. "Hvor er du sej!" Sagde hendes søster og tilføjede: "Det har du altid været." Og klappede Simone på skulderen.

Noget skiftede inden i. Igennem årene havde Simone kæmpet for at fastholde en følelse af overblik og kontrol. Det havde hun været nødt til, pga. dét i hendes familie. Men hun havde samtidigt følt sig indespærret i sig selv, i tingenes tilstand.

Med forstanderens ord indså Simone, at hun faktisk godt kunne være stolt af sig selv. Simone trak en dyb vejrtrækning ind: *Livet er stort, stærkt og uforudsigeligt. Helt grundlæggende godt.*

En særlig kærlig tanke til Tor